云南工会
困难职工解困脱困工作
政策选编

云南省总工会◎编

YUNNAN GONGHUI
KUNNAN ZHIGONG JIEKUN TUOKUN
GONGZUO ZHENGCE XUANBIAN

中国工人出版社

图书在版编目（CIP）数据

云南工会困难职工解困脱困工作政策选编 / 云南省总工会编.—北京：中国工人出版社，2017.4

ISBN 978-7-5008-6643-5

Ⅰ.①云…　Ⅱ.①云…　Ⅲ.①职工-生活-工会工作-方针政策-汇编-云南　Ⅳ.①D412.874

中国版本图书馆CIP数据核字（2017）第055702号

云南工会困难职工解困脱困工作政策选编

出 版 人	芮宗金
责任编辑	赵晨羽
责任校对	孙迺伟
责任印制	栾征宇
出版发行	中国工人出版社
地　　址	北京市东城区鼓楼外大街45号　邮编：100120
网　　址	http://www.wp-china.com
电　　话	（010）62005043（总编室）　（010）62005039（出版物流部） （010）82075935（工会与劳动关系分社）
发行热线	（010）62004002　（010）82081553（传真）
经　　销	各地书店
印　　刷	北京市密东印刷有限公司
开　　本	700毫米×1000毫米　1/16
印　　张	12
字　　数	180千字
版　　次	2017年4月第1版　2017年4月第1版第1次印刷
定　　价	26.00元

目　录

第一部分　中央政策文件

第二部分　云南省政策文件

第一部分　中央政策文件

社会救助暂行办法

（2014 年 2 月 21 日国务院令第 649 号公布）

第一章　总　则

第一条　为了加强社会救助，保障公民的基本生活，促进社会公平，维护社会和谐稳定，根据宪法，制定本办法。

第二条　社会救助制度坚持托底线、救急难、可持续，与其他社会保障制度相衔接，社会救助水平与经济社会发展水平相适应。

社会救助工作应当遵循公开、公平、公正、及时的原则。

第三条　国务院民政部门统筹全国社会救助体系建设。国务院民政、卫生计生、教育、住房城乡建设、人力资源社会保障等部门，按照各自职责负责相应的社会救助管理工作。

县级以上地方人民政府民政、卫生计生、教育、住房城乡建设、人力资源社会保障等部门，按照各自职责负责本行政区域内相应的社会救助管理工作。

前两款所列行政部门统称社会救助管理部门。

第四条　乡镇人民政府、街道办事处负责有关社会救助的申请受理、调查审核，具体工作由社会救助经办机构或者经办人员承担。

村民委员会、居民委员会协助做好有关社会救助工作。

第五条　县级以上人民政府应当将社会救助纳入国民经济和社

会发展规划，建立健全政府领导、民政部门牵头、有关部门配合、社会力量参与的社会救助工作协调机制，完善社会救助资金、物资保障机制，将政府安排的社会救助资金和社会救助工作经费纳入财政预算。

社会救助资金实行专项管理，分账核算，专款专用，任何单位或者个人不得挤占挪用。社会救助资金的支付，按照财政国库管理的有关规定执行。

第六条　县级以上人民政府应当按照国家统一规划建立社会救助管理信息系统，实现社会救助信息互联互通、资源共享。

第七条　国家鼓励、支持社会力量参与社会救助。

第八条　对在社会救助工作中作出显著成绩的单位、个人，按照国家有关规定给予表彰、奖励。

第二章　最低生活保障

第九条　国家对共同生活的家庭成员人均收入低于当地最低生活保障标准，且符合当地最低生活保障家庭财产状况规定的家庭，给予最低生活保障。

第十条　最低生活保障标准，由省、自治区、直辖市或者设区的市级人民政府按照当地居民生活必需的费用确定、公布，并根据当地经济社会发展水平和物价变动情况适时调整。

最低生活保障家庭收入状况、财产状况的认定办法，由省、自治区、直辖市或者设区的市级人民政府按照国家有关规定制定。

第十一条　申请最低生活保障，按照下列程序办理：

（一）由共同生活的家庭成员向户籍所在地的乡镇人民政府、街道办事处提出书面申请；家庭成员申请有困难的，可以委托村民委员会、居民委员会代为提出申请。

（二）乡镇人民政府、街道办事处应当通过入户调查、邻里访问、信函索证、群众评议、信息核查等方式，对申请人的家庭收入状况、财产状况进行调查核实，提出初审意见，在申请人所在村、社区公示后报县级人民政府民政部门审批。

（三）县级人民政府民政部门经审查，对符合条件的申请予以批准，并在申请人所在村、社区公布；对不符合条件的申请不予批准，并书面向申请人说明理由。

第十二条 对批准获得最低生活保障的家庭，县级人民政府民政部门按照共同生活的家庭成员人均收入低于当地最低生活保障标准的差额，按月发给最低生活保障金。

对获得最低生活保障后生活仍有困难的老年人、未成年人、重度残疾人和重病患者，县级以上地方人民政府应当采取必要措施给予生活保障。

第十三条 最低生活保障家庭的人口状况、收入状况、财产状况发生变化的，应当及时告知乡镇人民政府、街道办事处。

县级人民政府民政部门以及乡镇人民政府、街道办事处应当对获得最低生活保障家庭的人口状况、收入状况、财产状况定期核查。

最低生活保障家庭的人口状况、收入状况、财产状况发生变化的，县级人民政府民政部门应当及时决定增发、减发或者停发最低生活保障金；决定停发最低生活保障金的，应当书面说明理由。

第三章　特困人员供养

第十四条 国家对无劳动能力、无生活来源且无法定赡养、抚养、扶养义务人，或者其法定赡养、抚养、扶养义务人无赡养、抚养、扶养能力的老年人、残疾人以及未满16周岁的未成年人，给予特困人员供养。

第十五条 特困人员供养的内容包括：

（一）提供基本生活条件；

（二）对生活不能自理的给予照料；

（三）提供疾病治疗；

（四）办理丧葬事宜。

特困人员供养标准，由省、自治区、直辖市或者设区的市级人民政府确定、公布。

特困人员供养应当与城乡居民基本养老保险、基本医疗保障、最低生活保障、孤儿基本生活保障等制度相衔接。

第十六条 申请特困人员供养，由本人向户籍所在地的乡镇人民政府、街道办事处提出书面申请；本人申请有困难的，可以委托村民委员会、居民委员会代为提出申请。

特困人员供养的审批程序适用本办法第十一条规定。

第十七条 乡镇人民政府、街道办事处应当及时了解掌握居民的生活情况，发现符合特困供养条件的人员，应当主动为其依法办理供养。

第十八条 特困供养人员不再符合供养条件的，村民委员会、居民委员会或者供养服务机构应当告知乡镇人民政府、街道办事处，由乡镇人民政府、街道办事处审核并报县级人民政府民政部门核准后，终止供养并予以公示。

第十九条 特困供养人员可以在当地的供养服务机构集中供养，也可以在家分散供养。特困供养人员可以自行选择供养形式。

第四章　受灾人员救助

第二十条 国家建立健全自然灾害救助制度，对基本生活受到自然灾害严重影响的人员，提供生活救助。

自然灾害救助实行属地管理，分级负责。

第二十一条 设区的市级以上人民政府和自然灾害多发、易发地区的县级人民政府应当根据自然灾害特点、居民人口数量和分布等情况，设立自然灾害救助物资储备库，保障自然灾害发生后救助物资的紧急供应。

第二十二条 自然灾害发生后，县级以上人民政府或者人民政府的自然灾害救助应急综合协调机构应当根据情况紧急疏散、转移、安置受灾人员，及时为受灾人员提供必要的食品、饮用水、衣被、取暖、临时住所、医疗防疫等应急救助。

第二十三条 灾情稳定后，受灾地区县级以上人民政府应当评估、核定并发布自然灾害损失情况。

第二十四条 受灾地区人民政府应当在确保安全的前提下，对住房损毁严重的受灾人员进行过渡性安置。

第二十五条 自然灾害危险消除后，受灾地区人民政府民政等部门应当及时核实本行政区域内居民住房恢复重建补助对象，并给予资金、物资等救助。

第二十六条 自然灾害发生后，受灾地区人民政府应当为因当年冬寒或者次年春荒遇到生活困难的受灾人员提供基本生活救助。

第五章　医疗救助

第二十七条 国家建立健全医疗救助制度，保障医疗救助对象获得基本医疗卫生服务。

第二十八条 下列人员可以申请相关医疗救助：

（一）最低生活保障家庭成员；

（二）特困供养人员；

（三）县级以上人民政府规定的其他特殊困难人员。

第二十九条 医疗救助采取下列方式：

（一）对救助对象参加城镇居民基本医疗保险或者新型农村合作医疗的个人缴费部分，给予补贴；

（二）对救助对象经基本医疗保险、大病保险和其他补充医疗保险支付后，个人及其家庭难以承担的符合规定的基本医疗自负费用，给予补助。

医疗救助标准，由县级以上人民政府按照经济社会发展水平和医疗救助资金情况确定、公布。

第三十条 申请医疗救助的，应当向乡镇人民政府、街道办事处提出，经审核、公示后，由县级人民政府民政部门审批。最低生活保障家庭成员和特困供养人员的医疗救助，由县级人民政府民政部门直接办理。

第三十一条 县级以上人民政府应当建立健全医疗救助与基本医疗保险、大病保险相衔接的医疗费用结算机制，为医疗救助对象提供便捷服务。

第三十二条 国家建立疾病应急救助制度，对需要急救但身份不明或者无力支付急救费用的急重危伤病患者给予救助。符合规定的急救费用由疾病应急救助基金支付。

疾病应急救助制度应当与其他医疗保障制度相衔接。

第六章　教育救助

第三十三条 国家对在义务教育阶段就学的最低生活保障家庭成员、特困供养人员，给予教育救助。

对在高中教育（含中等职业教育）、普通高等教育阶段就学的最低生活保障家庭成员、特困供养人员，以及不能入学接受义务教育的残疾儿童，根据实际情况给予适当教育救助。

第三十四条 教育救助根据不同教育阶段需求，采取减免相关费用、发放助学金、给予生活补助、安排勤工助学等方式实施，保障教育救助对象基本学习、生活需求。

第三十五条 教育救助标准，由省、自治区、直辖市人民政府根据经济社会发展水平和教育救助对象的基本学习、生活需求确定、公布。

第三十六条 申请教育救助，应当按照国家有关规定向就读学校提出，按规定程序审核、确认后，由学校按照国家有关规定实施。

第七章 住房救助

第三十七条 国家对符合规定标准的住房困难的最低生活保障家庭、分散供养的特困人员，给予住房救助。

第三十八条 住房救助通过配租公共租赁住房、发放住房租赁补贴、农村危房改造等方式实施。

第三十九条 住房困难标准和救助标准，由县级以上地方人民政府根据本行政区域经济社会发展水平、住房价格水平等因素确定、公布。

第四十条 城镇家庭申请住房救助的，应当经由乡镇人民政府、街道办事处或者直接向县级人民政府住房保障部门提出，经县级人民政府民政部门审核家庭收入、财产状况和县级人民政府住房保障部门审核家庭住房状况并公示后，对符合申请条件的申请人，由县级人民政府住房保障部门优先给予保障。

农村家庭申请住房救助的，按照县级以上人民政府有关规定执行。

第四十一条 各级人民政府按照国家规定通过财政投入、用地供应等措施为实施住房救助提供保障。

第八章　就业救助

第四十二条　国家对最低生活保障家庭中有劳动能力并处于失业状态的成员，通过贷款贴息、社会保险补贴、岗位补贴、培训补贴、费用减免、公益性岗位安置等办法，给予就业救助。

第四十三条　最低生活保障家庭有劳动能力的成员均处于失业状态的，县级以上地方人民政府应当采取有针对性的措施，确保该家庭至少有一人就业。

第四十四条　申请就业救助的，应当向住所地街道、社区公共就业服务机构提出，公共就业服务机构核实后予以登记，并免费提供就业岗位信息、职业介绍、职业指导等就业服务。

第四十五条　最低生活保障家庭中有劳动能力但未就业的成员，应当接受人力资源社会保障等有关部门介绍的工作；无正当理由，连续 3 次拒绝接受介绍的与其健康状况、劳动能力等相适应的工作的，县级人民政府民政部门应当决定减发或者停发其本人的最低生活保障金。

第四十六条　吸纳就业救助对象的用人单位，按照国家有关规定享受社会保险补贴、税收优惠、小额担保贷款等就业扶持政策。

第九章　临时救助

第四十七条　国家对因火灾、交通事故等意外事件，家庭成员突发重大疾病等原因，导致基本生活暂时出现严重困难的家庭，或者因生活必需支出突然增加超出家庭承受能力，导致基本生活暂时出现严重困难的最低生活保障家庭，以及遭遇其他特殊困难的家庭，给予临时救助。

第四十八条　申请临时救助的，应当向乡镇人民政府、街道办事处提出，经审核、公示后，由县级人民政府民政部门审批；救助金额较小的，县级人民政府民政部门可以委托乡镇人民政府、街道办事处审批。情况紧急的，可以按照规定简化审批手续。

第四十九条 临时救助的具体事项、标准，由县级以上地方人民政府确定、公布。

第五十条 国家对生活无着的流浪、乞讨人员提供临时食宿、急病救治、协助返回等救助。

第五十一条 公安机关和其他有关行政机关的工作人员在执行公务时发现流浪、乞讨人员的，应当告知其向救助管理机构求助。对其中的残疾人、未成年人、老年人和行动不便的其他人员，应当引导、护送到救助管理机构；对突发急病人员，应当立即通知急救机构进行救治。

第十章 社会力量参与

第五十二条 国家鼓励单位和个人等社会力量通过捐赠、设立帮扶项目、创办服务机构、提供志愿服务等方式，参与社会救助。

第五十三条 社会力量参与社会救助，按照国家有关规定享受财政补贴、税收优惠、费用减免等政策。

第五十四条 县级以上地方人民政府可以将社会救助中的具体服务事项通过委托、承包、采购等方式，向社会力量购买服务。

第五十五条 县级以上地方人民政府应当发挥社会工作服务机构和社会工作者作用，为社会救助对象提供社会融入、能力提升、心理疏导等专业服务。

第五十六条 社会救助管理部门及相关机构应当建立社会力量参与社会救助的机制和渠道，提供社会救助项目、需求信息，为社会力量参与社会救助创造条件、提供便利。

第十一章　监督管理

第五十七条　县级以上人民政府及其社会救助管理部门应当加强对社会救助工作的监督检查，完善相关监督管理制度。

第五十八条　申请或者已获得社会救助的家庭，应当按照规定如实申报家庭收入状况、财产状况。

县级以上人民政府民政部门根据申请或者已获得社会救助家庭的请求、委托，可以通过户籍管理、税务、社会保险、不动产登记、工商登记、住房公积金管理、车船管理等单位和银行、保险、证券等金融机构，代为查询、核对其家庭收入状况、财产状况；有关单位和金融机构应当予以配合。

县级以上人民政府民政部门应当建立申请和已获得社会救助家庭经济状况信息核对平台，为审核认定社会救助对象提供依据。

第五十九条　县级以上人民政府社会救助管理部门和乡镇人民政府、街道办事处在履行社会救助职责过程中，可以查阅、记录、复制与社会救助事项有关的资料，询问与社会救助事项有关的单位、个人，要求其对相关情况作出说明，提供相关证明材料。有关单位、个人应当如实提供。

第六十条　申请社会救助，应当按照本办法的规定提出；申请人难以确定社会救助管理部门的，可以先向社会救助经办机构或者县级人民政府民政部门求助。社会救助经办机构或者县级人民政府民政部门接到求助后，应当及时办理或者转交其他社会救助管理部门办理。

乡镇人民政府、街道办事处应当建立统一受理社会救助申请的窗口，及时受理、转办申请事项。

第六十一条　履行社会救助职责的工作人员对在社会救助工作中知悉的公民个人信息，除按照规定应当公示的信息外，应当予以保密。

第六十二条 县级以上人民政府及其社会救助管理部门应当通过报刊、广播、电视、互联网等媒体，宣传社会救助法律、法规和政策。

县级人民政府及其社会救助管理部门应当通过公共查阅室、资料索取点、信息公告栏等便于公众知晓的途径，及时公开社会救助资金、物资的管理和使用等情况，接受社会监督。

第六十三条 履行社会救助职责的工作人员行使职权，应当接受社会监督。

任何单位、个人有权对履行社会救助职责的工作人员在社会救助工作中的违法行为进行举报、投诉。受理举报、投诉的机关应当及时核实、处理。

第六十四条 县级以上人民政府财政部门、审计机关依法对社会救助资金、物资的筹集、分配、管理和使用实施监督。

第六十五条 申请或者已获得社会救助的家庭或者人员，对社会救助管理部门作出的具体行政行为不服的，可以依法申请行政复议或者提起行政诉讼。

第十二章 法律责任

第六十六条 违反本办法规定，有下列情形之一的，由上级行政机关或者监察机关责令改正；对直接负责的主管人员和其他直接责任人员依法给予处分：

（一）对符合申请条件的救助申请不予受理的；

（二）对符合救助条件的救助申请不予批准的；

（三）对不符合救助条件的救助申请予以批准的；

（四）泄露在工作中知悉的公民个人信息，造成后果的；

（五）丢失、篡改接受社会救助款物、服务记录等数据的；

（六）不按照规定发放社会救助资金、物资或者提供相关服务的；

（七）在履行社会救助职责过程中有其他滥用职权、玩忽职守、徇私舞弊行为的。

第六十七条 违反本办法规定，截留、挤占、挪用、私分社会救助资金、物资的，由有关部门责令追回；有违法所得的，没收违法所得；对直接负责的主管人员和其他直接责任人员依法给予处分。

第六十八条 采取虚报、隐瞒、伪造等手段，骗取社会救助资金、物资或者服务的，由有关部门决定停止社会救助，责令退回非法获取的救助资金、物资，可以处非法获取的救助款额或者物资价值1倍以上3倍以下的罚款；构成违反治安管理行为的，依法给予治安管理处罚。

第六十九条 违反本办法规定，构成犯罪的，依法追究刑事责任。

第十三章 附 则

第七十条 本办法自2014年5月1日起施行。

国务院关于进一步加强和改进最低生活保障工作的意见

（国发〔2012〕45号　2012年9月1日）

各省、自治区、直辖市人民政府，国务院各部委、各直属机构：

最低生活保障事关困难群众衣食冷暖，事关社会和谐稳定和公平正义，是贯彻落实科学发展观的重要举措，是维护困难群众基本生活权益的基础性制度安排。近年来，随着各项相关配套政策的陆续出台，最低生活保障制度在惠民生、解民忧、保稳定、促和谐等方面作出了突出贡献，有效保障了困难群众的基本生活。但一些地区还不同程度存在对最低生活保障工作重视不够、责任不落实、管理不规范、监管不到位、工作保障不力、工作机制不健全等问题。为切实加强和改进最低生活保障工作，现提出如下意见：

一、总体要求和基本原则

（一）总体要求。

最低生活保障工作要以科学发展观为指导，以保障和改善民生为主题，以强化责任为主线，坚持保基本、可持续、重公正、求实效的方针，进一步完善法规政策，健全工作机制，严格规范管理，加强能力建设，努力构建标准科学、对象准确、待遇公正、进出有序的最低生活保障工作格局，不断提高最低生活保障制度的科学性和执行力，切实维护困难群众基本生活权益。

（二）基本原则。

坚持应保尽保。把保障困难群众基本生活放到更加突出的位置，落实政府责任，加大政府投入，加强部门协作，强化监督问责，确保把所有符合条件的困难群众全部纳入最低生活保障范围。

坚持公平公正。健全最低生活保障法规制度，完善程序规定，畅通城乡居民的参与渠道，加大政策信息公开力度，做到审批过程公开透明，审批结果公平公正。

坚持动态管理。采取最低生活保障对象定期报告和管理审批机关分类复核相结合等方法，加强对最低生活保障对象的日常管理和服务，切实做到保障对象有进有出、补助水平有升有降。

坚持统筹兼顾。统筹城乡、区域和经济社会发展，做到最低生活保障标准与经济社会发展水平相适应，最低生活保障制度与其他社会保障制度相衔接，有效保障困难群众基本生活。

二、加强和改进最低生活保障工作的政策措施

（一）完善最低生活保障对象认定条件。

户籍状况、家庭收入和家庭财产是认定最低生活保障对象的三个基本条件。各地要根据当地情况，制定并向社会公布享受最低生活保障待遇的具体条件，形成完善的最低生活保障对象认定标准体系。同时，要明确核算和评估最低生活保障申请人家庭收入和家庭财产的具体办法，并对赡养、抚养、扶养义务人履行相关法定义务提出具体要求。科学制定最低生活保障标准，健全救助标准与物价上涨挂钩的联动机制，综合运用基本生活费用支出法、恩格尔系数法、消费支出比

例法等测算方法，动态、适时调整最低生活保障标准，最低生活保障标准应低于最低工资标准；省级人民政府可根据区域经济社会发展情况，研究制定本行政区域内相对统一的区域标准，逐步缩小城乡差距、区域差距。

（二）规范最低生活保障审核审批程序。

规范申请程序。凡认为符合条件的城乡居民都有权直接向其户籍所在地的乡镇人民政府（街道办事处）提出最低生活保障申请；乡镇人民政府（街道办事处）无正当理由，不得拒绝受理。受最低生活保障申请人委托，村（居）民委员会可以代为提交申请。申请最低生活保障要以家庭为单位，按规定提交相关材料，书面声明家庭收入和财产状况，并由申请人签字确认。

规范审核程序。乡镇人民政府（街道办事处）是审核最低生活保障申请的责任主体，在村（居）民委员会协助下，应当对最低生活保障申请家庭逐一入户调查，详细核查申请材料以及各项声明事项的真实性和完整性，并由调查人员和申请人签字确认。

规范民主评议。入户调查结束后，乡镇人民政府（街道办事处）应当组织村（居）民代表或者社区评议小组对申请人声明的家庭收入、财产状况以及入户调查结果的真实性进行评议。各地要健全完善最低生活保障民主评议办法，规范评议程序、评议方式、评议内容和参加人员。

规范审批程序。县级人民政府民政部门是最低生活保障审批的责任主体，在作出审批决定前，应当全面审查乡镇人民政府（街道办事处）上报的调查材料和审核意见（含民主评议结果），并按照不低于30%的比例入户抽查。有条件的地方，县级人民政府民政部门可邀请乡镇人民政府（街道办事处）、村（居）民委员会参与审批，促进审批过程的公开透明。严禁不经调查直接将任何群体或个人纳入最低生活保障范围。

规范公示程序。各地要严格执行最低生活保障审核审批公示制度，规范公示内容、公示形式和公示时限等。社区要设置统一的固定公示栏；乡镇人民政府（街道办事处）要及时公示入户调查、民主评议和审核结果，并确保公示的真实性和准确性；县级人民政府民政部门应当就最低生活保障对象的家庭成员、收入情况、保障金额等在其居住地长期公示，逐步完善面向公众的最低生活保障对象信息查询机制，并完善异议复核制度。公示中要注意保护最低生活保障对象的个人隐私，严禁公开与享受最低生活保障待遇无关的信息。

规范发放程序。各地要全面推行最低生活保障金社会化发放，按照财政国库管理制度将最低生活保障金直接支付到保障家庭账户，确保最低生活保障金足额、及时发放到位。

（三）建立救助申请家庭经济状况核对机制。

在强化入户调查、邻里访问、信函索证等调查手段基础上，加快建立跨部门、多层次、信息共享的救助申请家庭经济状况核对机制，健全完善工作机构和信息核对平台，确保最低生活保障等社会救助对象准确、高效、公正认定。经救助申请人及其家庭成员授权，公安、人力资源社会保障、住房城乡建设、金融、保险、工商、税务、住房公积金等部门和机构应当根据有关规定和最低生活保障等社会救助对象认定工作需要，及时向民政部门提供户籍、机动车、就业、保险、住房、存款、证券、个体工商户、纳税、公积金等方面的信息。民政部要会同有关部门研究制定具体的信息查询办法，并负责跨省（区、市）的信息查询工作。到“十二五”末，全国要基本建立救助申请家庭经济状况核对机制。

（四）加强最低生活保障对象动态管理。

对已经纳入最低生活保障范围的救助对象，要采取多种方式加强管理服务，定期跟踪保障对象家庭变化情况，形成最低生活保障对象有进有出、补助水平有升有降的动态管理机制。各地要建立最低生活保障家庭人口、收入和财产状况定期报告制度，并根据报告情况分类、定期开展核查，将不再符合条件的及时退出保障范围。对于无生活来源、无劳动能力又无法定赡养、抚养、扶养义务人的“三无人员”，可每年核查一次；对于短期内收入变化不大的家庭，可每半年核查一次；对于收入来源不固定、成员有劳动能力和劳动条件的最低生活保障家庭，原则上实行城市按月、农村按季核查。

（五）健全最低生活保障工作监管机制。

地方各级人民政府要将最低生活保障政策落实情况作为督查督办的重点内容，定期组织开展专项检查；民政部、财政部要会同有关部门对全国最低生活保障工作进行重点抽查。财政、审计、监察部门要加强对最低生活保障资金管理使用情况的监督检查，防止挤占、挪用、套取等违纪违法现象发生。建立最低生活保障经办人员和村（居）民委员会干部近亲属享受最低生活保障备案制度，县级人民政府民政部门要对备案的最低生活保障对象严格核查管理。充分发挥舆论监督的重要作用，对于媒体发现揭露的问题，应及时查处并公布处理结果。要通过政府购买服务等方式，鼓励社会组织参与、评估、监督最低生活保障工作，财政部门要通过完善相关政策给予支持。

（六）建立健全投诉举报核查制度。

各地要公开最低生活保障监督咨询电话，畅通投诉举报渠道，健全投诉举报核查制度。有条件的地方要以省为单位设置统一的举报投诉电话。要切实加强最低生活保障来信来访工作，推行专人负责、首问负责等制度。各级人民政府、县级以上人民政府民政部门应当自受理最低生活保障信访事项之日起60日内办结；信访人对信访事项处理意见不服的，可以自收到书面答复之日起30日内请求原办理行政机关的上一级行政机关复查，收到复查请求的行政机关应当自收到复查请求之日起30日内提出复查意见，并予以书面答复；信访人对复查意见不服的，可以自收到书面答复之日起30日内向复查机关的上一级行政机关请求复核，收到复核请求的行政机关应当自收到复核请求之日起30日内提出复核意见；信访人对复核意见不服，仍以同一事实和理由提出信访请求的，不再受理，民政等部门要积极向信访人做好政策解释工作。民政部或者省级人民政府民政部门对最低生活保障重大信访事项或社会影响恶劣的违规违纪事件，可会同信访等相关部门直接督办。

（七）加强最低生活保障与其他社会救助制度的有效衔接。

加快推进低收入家庭认定工作，为医疗救助、教育救助、住房保障等社会救助政策向低收入家庭拓展提供支撑；全面建立临时救助制度，有效解决低收入群众的突发性、临时性基本生活困难；做好最低生活保障与养老、医疗等社会保险制度的衔接工作。对最低生活保障家庭中的老年人、未成年人、重度残疾人、重病患者等重点救助对象，要采取多种措施提高其救助水平。鼓励机关、企事业单位、社会组织和个人积极开展扶贫帮困活动，形成慈善事业与社会救助的有效衔接。

完善城市最低生活保障与就业联动、农村最低生活保障与扶贫开发衔接机制，鼓励积极就业，加大对有劳动能力最低生活保障对象的就业扶持力度。劳动年龄内、有劳动能力、失业的城市困难群众，在申请最低生活保障时，应当先到当地公共就业服务机构办理失业登记；公共就业服务机构应当向登记失业的最低生活保障对象提供及时的就业服务和重点帮助；对实现就业的最低生活保障对象，在核算其家庭收入时，可以扣减必要的就业成本。

三、强化工作保障，确保各项政策措施落到实处

（一）加强能力建设。

省级人民政府要切实加强最低生活保障工作能力建设，统筹研究制定按照保障对象数量等因素配备相应工作人员的具体办法和措施。地方各级人民政府要结合本地实际和全面落实最低生活保障制度的要求，科学整合县（市、区）、乡镇人民政府（街道办事处）管理机构及人力资源，充实加强基层最低生活保障工作力量，确保事有人管、责有人负。加强最低生活保障工作人员业务培训，保障工作场所、条件和待遇，不断提高最低生活保障管理服务水平。加快推进信息化建设，全面部署全国最低生活保障信息管理系统。

（二）加强经费保障。

省级财政要优化和调整支出结构，切实加大最低生活保障资金投入。中央财政最低生活保障补助资金重点向保障任务重、财政困难地区倾斜，在分配最低生活保障补助资金时，财政部要会同民政部研究“以奖代补”的办法和措施，对工作绩效突出地区给予奖励，引导各地进一步完善制度，加强管理。要切实保障基层工作经费，最低生活保障工作所需经费要纳入地方各级财政预算。基层最低生活保障工作经费不足的地区，省市级财政给予适当补助。

（三）加强政策宣传。

以党和政府对最低生活保障工作的有关要求以及认定条件、审核审批、补差发放、动态管理等政策规定为重点，深入开展最低生活保障政策宣传。利用广播、电视、网络等媒体和宣传栏、宣传册、明白纸等群众喜闻乐见的方式，不断提高最低生活保障信息公开的针对性、时效性和完整性。充分发挥新闻媒体的舆论引导作用，大力宣传

最低生活保障在保障民生、维护稳定、促进和谐等方面的重要作用，引导公众关注、参与、支持最低生活保障工作，在全社会营造良好的舆论氛围。

四、加强组织领导，进一步落实管理责任

（一）加强组织领导。

进一步完善政府领导、民政牵头、部门配合、社会参与的社会救助工作机制。建立由民政部牵头的社会救助部际联席会议制度，统筹做好最低生活保障与医疗、教育、住房等其他社会救助政策以及促进就业政策的协调发展和有效衔接，研究解决救助申请家庭经济状况核对等信息共享问题，督导推进社会救助体系建设。地方各级人民政府要将最低生活保障工作纳入重要议事日程，纳入经济社会发展总体规划，纳入科学发展考评体系，建立健全相应的社会救助协调工作机制，组织相关部门协力做好社会救助制度完善、政策落实和监督管理等各项工作。

（二）落实管理责任。

最低生活保障工作实行地方各级人民政府负责制，政府主要负责人对本行政区域最低生活保障工作负总责。县级以上地方各级人民政府要切实担负起最低生活保障政策制定、资金投入、工作保障和监督管理责任，乡镇人民政府（街道办事处）要切实履行最低生活保障申请受理、调查、评议和公示等审核职责，充分发挥包村干部的作用。各地要将最低生活保障政策落实情况纳入地方各级人民政府绩效考核，考核结果作为政府领导班子和相关领导干部综合考核评价的重要内容，作为干部选拔任用、管理监督的重要依据。民政部要会同财政部等部门研究建立最低生活保障工作绩效评价指标体系和评价办法，

并组织开展对各省（区、市）最低生活保障工作的年度绩效评价。

（三）强化责任追究。

对因工作重视不够、管理不力、发生重大问题、造成严重社会影响的地方政府和部门负责人，以及在最低生活保障审核审批过程中滥用职权、玩忽职守、徇私舞弊、失职渎职的工作人员，要依纪依法追究责任。同时，各地要加大对骗取最低生活保障待遇人员查处力度，除追回骗取的最低生活保障金外，还要依法给予行政处罚；涉嫌犯罪的，移送司法机关处理。对无理取闹、采用威胁手段强行索要最低生活保障待遇的，公安机关要给予批评教育直至相关处罚。对于出具虚假证明材料的单位和个人，各地除按有关法律法规规定处理外，还应将有关信息记入征信系统。

国务院关于进一步健全特困人员救助供养制度的意见

（国发〔2016〕14号　2016年2月10日）

各省、自治区、直辖市人民政府，国务院各部委、各直属机构：

保障城乡特困人员基本生活，是完善社会救助体系、编密织牢民生安全网的重要举措，是坚持共享发展、保障和改善民生的应有之义，也是打赢脱贫攻坚战、全面建成小康社会的必然要求。长期以来，在党和政府的高度重视下，我国先后建立起农村五保供养、城市"三无"人员救济和福利院供养制度，城乡特困人员基本生活得到了保障。2014年，国务院公布施行了《社会救助暂行办法》，将城乡"三无"人员保障制度统一为特困人员供养制度，我国城乡特困人员保障工作进入新的发展阶段。为解决城乡发展不平衡、相关政策不衔接、工作机制不健全、资金渠道不通畅、管理服务不规范等问题，切实保障特困人员基本生活，根据《社会救助暂行办法》《农村五保供养工作条例》，现就进一步健全特困人员救助供养制度提出以下意见。

一、总体要求和基本原则

（一）总体要求。

以党的十八大和十八届三中、四中、五中全会精神为指导，按照党中央、国务院决策部署，以解决城乡特困人员突出困难、满足城乡特困人员基本需求为目标，坚持政府主导，发挥社会力量作用，在全国建立起城乡统筹、政策衔接、运行规范、与经济社会发展水平相适应的特困人员救助供养制度，将符合条件的特困人员全部纳入救助供养范围，切实维护他们的基本生活权益。

（二）基本原则。

坚持托底供养。强化政府托底保障职责，为城乡特困人员提供基本生活、照料服务、疾病治疗和殡葬服务等方面保障，做到应救尽救、应养尽养。

坚持属地管理。县级以上地方人民政府统筹做好本行政区域内特困人员救助供养工作，分级管理，落实责任，强化管理服务和资金保障，为特困人员提供规范、适度的救助供养服务。

坚持城乡统筹。健全城乡特困人员救助供养工作管理体制，在政策目标、资金筹集、对象范围、供养标准、经办服务等方面实现城乡统筹，确保城乡特困人员都能获得救助供养服务。

坚持适度保障。立足经济社会发展水平，科学合理制定救助供养标准，加强与其他社会保障制度衔接，实现特困人员救助供养制度保基本、全覆盖、可持续。

坚持社会参与。鼓励、引导、支持社会力量通过承接政府购买服务、慈善捐赠以及提供志愿服务等方式，为特困人员提供服务和帮扶，形成全社会关心、支持、参与特困人员救助供养工作的良好氛围。

二、制度内容

（一）对象范围。

城乡老年人、残疾人以及未满 16 周岁的未成年人，同时具备以下条件的，应当依法纳入特困人员救助供养范围：

无劳动能力、无生活来源、无法定赡养抚养扶养义务人或者其法定义务人无履行义务能力。

具体认定办法由民政部负责制定。

（二）办理程序。

申请程序。申请特困人员救助供养，由本人向户籍所在地的乡镇人民政府（街道办事处）提出书面申请，按规定提交相关材料，书面说明劳动能力、生活来源以及赡养、抚养、扶养情况。本人申请有困难的，可以委托村（居）民委员会或者他人代为提出申请。

乡镇人民政府（街道办事处）以及村（居）民委员会应当及时了解掌握辖区内居民的生活情况，发现符合特困人员救助供养条件的人员，应当告知其救助供养政策，对无民事行为能力等无法自主申请的，应当主动帮助其申请。

审核程序。乡镇人民政府（街道办事处）应当通过入户调查、邻里访问、信函索证、群众评议、信息核查等方式，对申请人的收入状况、财产状况以及其他证明材料等进行调查核实，于20个工作日内提出初审意见，在申请人所在村（社区）公示后，报县级人民政府民政部门审批。申请人及有关单位、组织或者个人应当配合调查，如实提供有关情况。

审批程序。县级人民政府民政部门应当全面审查乡镇人民政府（街道办事处）上报的调查材料和审核意见，并随机抽查核实，于20个工作日内作出审批决定。对符合条件的申请予以批准，并在申请人所在村（社区）公布；对不符合条件的申请不予批准，并书面向申请人说明理由。

终止程序。特困人员不再符合救助供养条件的，村（居）民委员会或者供养服务机构应当及时告知乡镇人民政府（街道办事处），由乡镇人民政府（街道办事处）审核并报县级人民政府民政部门核准后，终止救助供养并予以公示。

县级人民政府民政部门、乡镇人民政府（街道办事处）在工作中发现特困人员不再符合救助供养条件的，应当及时办理终止救助供养手续。特困人员中的未成年人，满16周岁后仍在接受义务教育或在普通高中、中等职业学校就读的，可继续享有救助供养待遇。

（三）救助供养内容。

特困人员救助供养主要包括以下内容：

提供基本生活条件。包括供给粮油、副食品、生活用燃料、服装、被褥等日常生活用品和零用钱。可以通过实物或者现金的方式予以保障。

对生活不能自理的给予照料。包括日常生活、住院期间的必要照料等基本服务。

提供疾病治疗。全额资助参加城乡居民基本医疗保险的个人缴费部分。医疗费用按照基本医疗保险、大病保险和医疗救助等医疗保障制度规定支付后仍有不足的，由救助供养经费予以支持。

办理丧葬事宜。特困人员死亡后的丧葬事宜，集中供养的由供养服务机构办理，分散供养的由乡镇人民政府（街道办事处）委托村（居）民委员会或者其亲属办理。丧葬费用从救助供养经费中支出。

对符合规定标准的住房困难的分散供养特困人员，通过配租公共租赁住房、发放住房租赁补贴、农村危房改造等方式给予住房救助。对在义务教育阶段就学的特困人员，给予教育救助；对在高中教育（含中等职业教育）、普通高等教育阶段就学的特困人员，根据实际情况给予适当教育救助。

（四）救助供养标准。

特困人员救助供养标准包括基本生活标准和照料护理标准。

基本生活标准应当满足特困人员基本生活所需。照料护理标准应当根据特困人员生活自理能力和服务需求分类制定，体现差异性。

特困人员救助供养标准由省、自治区、直辖市或者设区的市级人民政府综合考虑地区、城乡差异等因素确定、公布，并根据当地经济社会发展水平和物价变化情况适时调整。民政部、财政部要加强对特困人员救助供养标准制定工作的指导。

（五）救助供养形式。

特困人员救助供养形式分为在家分散供养和在当地的供养服务机构集中供养。具备生活自理能力的，鼓励其在家分散供养；完全或者部分丧失生活自理能力的，优先为其提供集中供养服务。

分散供养。对分散供养的特困人员，经本人同意，乡镇人民政府（街道办事处）可委托其亲友或村（居）民委员会、供养服务机构、社会组织、社会工作服务机构等提供日常看护、生活照料、住院陪护等服务。有条件的地方，可为分散供养的特困人员提供社区日间照料服务。

集中供养。对需要集中供养的特困人员，由县级人民政府民政部门按照便于管理的原则，就近安排到相应的供养服务机构；未满16周岁的，安置到儿童福利机构。

供养服务机构管理。供养服务机构应当依法办理法人登记，建立健全内部管理、安全管理和服务管理等制度，为特困人员提供日常生活照料、送医治疗等基本救助供养服务。有条件的经卫生计生行政部门批准可设立医务室或者护理站。供养服务机构应当根据服务对象人数和照料护理需求，按照一定比例配备工作人员，加强社会工作岗位开发设置，合理配备使用社会工作者。

三、保障措施

（一）加强组织领导。

各地要将特困人员救助供养工作列入政府重要议事日程，将供养服务机构建设纳入经济社会发展总体规划，强化其托底保障功能，进一步完善工作协调机制，切实担负起资金投入、工作条件保障和监督检查责任。民政部门要切实履行主管部门职责，发挥好统筹协调作用，重点加强特困人员救助供养工作日常管理、能力建设，推动相关标准体系完善和信息化建设，实行特困人员“一人一档案”，提升管理服务水平；加强对特困人员救助供养等社会救助工作的绩效评价，将结果送组织部门，作为对地方政府领导班子和有关领导干部综合考核评价的重要参考。卫生计生、教育、住房城乡建设、人力资源社会保障等其他社会救助管理部门要依据职责分工，积极配合民政部门做好特困人员救助供养相关工作，实现社会救助信息互联互通、资源共享，形成齐抓共管、整体推进的工作格局。发展改革部门要将特困人员救助供养纳入相关专项规划，支持供养服务设施建设。财政部门要做好相关资金保障工作。

（二）做好制度衔接。

各地要统筹做好特困人员救助供养制度与城乡居民基本养老保险、基本医疗保障、最低生活保障、孤儿基本生活保障、社会福利等制度的有效衔接。符合相关条件的特困人员，可同时享受城乡居民基本养老保险、基本医疗保险等社会保险和高龄津贴等社会福利待遇。纳入特困人员救助供养范围的，不再适用最低生活保障政策。纳入孤儿基本生活保障范围的，不再适用特困人员救助供养政策。纳入特困人员救助供养范围的残疾人，不再享受困难残疾人生活补贴和重度残疾人护理补贴。

（三）强化资金保障。

县级以上地方人民政府要将政府设立的供养服务机构运转费用、特困人员救助供养所需资金列入财政预算。省级人民政府要优化财政支出结构，统筹安排特困人员救助供养资金。中央财政给予适当补助，并重点向特困人员救助供养任务重、财政困难、工作成效突出的地区倾斜。有农村集体经营等收入的地方，可从中安排资金用于特困人员救助供养工作。各地要完善救助供养资金发放机制，确保资金及时足额发放到位。

（四）加强监督管理。

各地区、各有关部门要将特困人员救助供养制度落实情况作为督查督办的重点内容，定期组织开展专项检查。加强对特困人员救助供养资金管理使用情况的监督检查，严肃查处挤占、挪用、虚报、冒领等违纪违法行为。充分发挥社会监督作用，对公众和媒体发现揭露的问题，要及时查处并公布处理结果。完善责任追究制度，加大行政问责力度，对因责任不落实造成严重后果的单位和个人，要依纪依法追究责任。

（五）鼓励社会参与。

鼓励群众团体、公益慈善等社会组织、社会工作服务机构和企事业单位、志愿者等社会力量参与特困人员救助供养工作。鼓励运用政府和社会资本合作（PPP）模式，采取公建民营、民办公助等方式，支持供养服务机构建设。加大政府购买服务和项目支持力度，落实各项财政补贴、税收优惠和收费减免等政策，引导、激励公益慈善组织、社会工作服务机构，以及社会力量举办的养老、医疗等服务机构，为特困人员提供专业化、个性化服务。

（六）加强政策宣传。

各地区、各有关部门要采用群众喜闻乐见的形式，大力宣传特困人员救助供养政策，不断提高社会知晓度，积极营造全社会关心关爱特困人员的良好氛围。

民政部、财政部要加强对本意见执行情况的监督检查，重大情况及时向国务院报告。国务院将适时组织专项督查。

民政部　教育部　财政部　人力资源社会保障部　住房城乡建设部　国家卫生计生委关于贯彻落实《社会救助暂行办法》的通知

（民发〔2014〕135号　2014年6月20日）

各省、自治区、直辖市民政厅（局）、教育厅（教委）、财政厅（局）、人力资源社会保障厅（局）、住房城乡建设厅（局）、卫生计生委（卫生厅局），新疆生产建设兵团民政局、教育局、财务局、人力资源社会保障局、建设局、卫生局：

《社会救助暂行办法》（以下简称《办法》）已于2014年2月21日以国务院649号令颁布，自5月1日起施行。为做好《办法》的贯彻落实工作，现就有关事项通知如下：

一、充分认识《办法》颁布实施的重大意义

社会救助是国家和社会对依靠自身能力难以维持基本生活的公民提供的物质帮助和服务，是保民生、托底线、救急难、促公平的基础性制度安排，关系到困难群众切身利益的维护和保障，关系到党和政府执政理念的实现和执政根基的稳固，关系到我国社会主义制度优越性的体现。《办法》的颁布施行，从法律上确立了社会救助的地位作用、基本原则、主体责任、制度安排、基本程序等，既为保障公民基

本生活、维护公民基本生存权益提供了法制保障，也为政府各部门依法救助和社会力量有序参与社会救助提供了法规依据，明确了行为规范，是社会救助事业发展新的里程碑，标志着新形势下社会救助事业迈上了法制化、体系化、规范化统筹发展的新阶段。

各地各有关部门要结合贯彻落实党的十八大和十八届二中、三中全会精神，全面理解、准确把握《办法》的精神实质和主要内容，充分认识新形势下《办法》颁布实施的重大意义，切实增强贯彻落实的自觉性、积极性和主动性。要将贯彻落实《办法》作为当前保障困难群众基本生活、维护困难群众生存权益和人格尊严的重要举措抓紧抓好，努力让困难群众不为饥寒所迫、不为灾害所急、不为大病所困、不为住房所难、不为失业所忧，真正感受到党和政府的关怀和温暖。

二、依法完善落实各项配套政策措施

《办法》以社会救助体系为统领，对各项社会救助制度进行了全面系统规定，确立了以最低生活保障、特困人员供养、受灾人员救助以及医疗救助（含疾病应急救助）、教育救助、住房救助、就业救助和临时救助为主体，以社会力量参与为补充的社会救助制度体系框架。各地各有关部门要根据《办法》要求，结合实际，突出重点，抓紧完善相关配套政策，确保《办法》的有关规定落到实处。

（一）完善最低生活保障和特困人员供养制度。要研究制定最低生活保障家庭收入状况、财产状况的认定办法，健全最低生活保障对象认定标准体系。完善最低生活保障标准制定办法，健全社会救助和保障标准与物价上涨挂钩的联动机制，保障好困难群众基本生活。要制定健全完善特困人员供养制度的具体措施，城乡统筹实施；加强最低生活保障和特困人员供养工作管理，建立责任追究制度，畅通投诉举报渠道，适时开展绩效评估，从制度机制上杜绝关系保、人情保和骗保等违规现象。

（二）完善受灾人员救助制度。要按照属地管理，分级负责的原则，完善自然灾害救助应急预案，做好上下级预案响应标准的衔接，强化预案的科学性和可操作性。编制实施自然灾害救助物资储备规划，明确物资储备布局和规模，建立适应本地救灾需要的物资储备机制。严格按照有关规定，及时准确统计报送自然灾害损失情况，建立健全灾情核查评估机制和统一发布机制。编制和落实各级自然灾害救助资金预算，研究制定出台灾害救助标准，切实有效做好灾害紧急救助、过渡性生活救助、冬春救助和倒损农房恢复重建等工作，保障受灾人员得到及时、公平、合理的救助。

（三）完善医疗救助制度。以最低生活保障对象、特困供养人员为重点，进一步健全完善医疗救助制度。逐步将低收入家庭重病患者及县级以上人民政府规定的其他特殊困难群众纳入救助范围，逐步提高救助水平，使之真正起到托底保障、救急解难的作用。建立健全疾病应急救助制度，落实《疾病应急救助基金管理暂行办法》，为急危重伤病需要急救但身份不明或无力支付相关费用的患者提供应急医疗救治。加快建立医疗救助与基本医疗保险、大病保险相衔接的医疗费用结算机制。加快疾病应急救助制度与其他医疗保障制度的衔接。

（四）完善教育救助制度。进一步健全从学前教育到研究生教育、覆盖各教育阶段的家庭经济困难学生资助政策体系，从制度上保证“不让一个学生因家庭经济困难而失学”。完善实施教育救助的具体措施和救助体系，优先将在各级各类学校就读的最低生活保障家庭成员、特困供养人员纳入现有的学生资助体系，并动态调整资助标准和覆盖范围，努力做到应助尽助。

（五）完善住房救助制度。要根据当地经济社会发展水平、房地产市场状况以及财力可能，制定并及时调整住房困难标准和救助标准，形成科学规范、可持续的住房救助长效机制。完善实施住房救助的具体措施，规范救助程序，确保符合条件的最低生活保障家庭、分散供养的特困人员全部纳入住房保障体系，优先安排解决。

（六）完善就业救助制度。要健全完善实施就业救助的具体政策措施，依托基层公共就业服务机构，摸清就业救助对象底数和就业需求，提供政策咨询、岗位信息、职业指导、职业介绍等精细化、个性化的就业服务，通过鼓励企业吸纳、鼓励自谋职业和自主创业、公益性岗位安置等途径，对就业救助对象实行优先扶持和重点帮助，确保最低生活保障家庭中有劳动能力的成员至少有一人实现就业。

（七）建立临时救助制度。要全面建立临时救助制度，突出其“救急难”的制度特点，对遭遇突发事件、意外伤害、重大疾病或其他特殊原因导致生活陷入困境，其他社会救助制度暂时无法覆盖或救助之后基本生活仍有严重困难的家庭及时给予救助。要根据当地实际，制定具体的临时救助对象认定办法，明确救助类型、范围和标准。要加强救助管理机构建设，及时救助生活无着的流浪、乞讨人员。加强临时救助与其他社会救助制度之间的衔接，形成制度合力，消除救助盲区。

（八）加强社会力量参与。各地要细化政策措施，研究制定向社会力量购买社会救助中的具体服务事项的办法。要全面了解、掌握本地区社会组织、企事业单位等设立慈善项目的情况，搭建政府部门救助资源、社会组织救助项目与困难群众救助需求对接的信息平台，充分发挥慈善救助方法灵活、形式多样、一案一策的特点，鼓励、引导、支持社会组织、企事业单位和爱心人士等针对急难个案开展慈善救助。要广泛动员社会力量参与社会救助，充分发挥社会组织、社会工作者和志愿者队伍等社会力量参与社会救助的专业优势和服务特长，针对不同救助对象开展生活帮扶、心理疏导、精神慰藉、资源链接、能力提升、社会融入等多样化、个性化服务。要加快推进政府购买服务，健全完善促进社会力量参与社会救助的各项财政支持政策，落实好财政补贴、税收优惠、费用减免等政策，引导有影响力的慈善组织和企业设立社会救助公益基金，多渠道、多形式参与社会救助。

三、建立健全社会救助工作机制

（一）建立健全社会救助工作协调机制。各地要进一步建立健全政府领导、民政部门牵头、有关部门配合、社会力量参与的社会救助工作协调机制，加强协调配合和制度衔接，不断提高社会救助的整体效益。民政部门要发挥好牵头协调的作用，教育、财政、人力资源社会保障、住房城乡建设、卫生计生等部门要积极配合、密切协作，共同促进政府各部门之间、政府与社会力量之间救助资源的统筹使用、信息共享，以及救助资源与救助需求之间的合理配置，切实落实好各项社会救助制度。

（二）加快建立社会救助申请家庭经济状况核对机制。各地民政部门要加强与相关部门的沟通协调，会同有关部门、机构研究制定社会救助申请家庭经济状况信息核对办法，加快建立跨部门、多层次、能共享的信息核对平台，不断提高最低生活保障对象、医疗救助对象、住房救助对象、教育救助对象等社会救助对象认定的准确性。2014 年底前全国 70% 的地区要建立社会救助家庭经济状况核对机制，“十二五”末实现全覆盖。

（三）建立健全“一门受理、协同办理”机制。各地社会救助管理部门要加强配合，密切协作，依托乡镇人民政府（街道办事处）

政务大厅、办事大厅等，设立统一的社会救助申请受理窗口（疾病应急救助除外）。要根据部门职责，制定并不断优化受理、分办、转办、反馈等工作流程，明确办理时限和要求，跟踪办理结果，并将办理情况及时告知求助对象，真正做到让困难群众“求助有门”、受助及时。

（四）建立健全社会救助信息共享机制。各地社会救助管理部门要在积极推进信息化建设、提高社会救助管理服务水平的基础上，加快建立民政、教育、人力资源社会保障、住房城乡建设、卫生计生等部门救助信息共享机制。民政部门要及时为其他社会救助管理部门提供最低生活保障对象、特困供养人员及其他困难群众基本信息，为教育、住房、就业、疾病应急等救助工作的开展提供支持；教育、人力资源社会保障、住房城乡建设、卫生计生等部门要及时将教育救助对象、就业救助对象、住房救助对象和疾病应急救助对象获取相关救助的基本信息反馈民政部门，为民政部门对各项救助之后仍有困难的家庭给予临时救助提供依据。

（五）建立健全社会救助资金保障机制。各地要按照《办法》的相关规定，将社会救助资金纳入财政预算，建立与当地经济社会发展水平相适应的资金保障机制，进一步加大社会救助资金投入，确保最低生活保障、特困人员供养、受灾人员救助、医疗救助、教育救助、住房救助、就业救助、临时救助等各项社会救助制度有效落实。要严格资金管理，坚持专款专用，规范预算编制、预算下达、资金支付等环节，确保救助资金及时足额发放到困难群众手中。

（六）全面建立社会救助监督检查长效机制。各地各相关部门要依照《办法》的有关规定，加快研究制定本地区、本部门加强社会救助监督管理、责任追究、绩效评价的具体办法。加大社会救助信息披露力度，严格执行社会救助对象公示制度，在申请人居住的村民委员会或社区居民委员会，对社会救助家庭获得救助前进行审核公示和审批公示，获得救助后进行长期公示，广泛接受社会和群众监督。

四、加强贯彻落实《办法》的组织领导

（一）加强组织领导。各地要将贯彻实施《办法》列入重要议事日程，明确责任，精心组织，认真研究解决工作中存在的困难和问题；统筹安排，全面部署，切实把贯彻实施《办法》工作与贯彻落实党的十八届二中、三中全会精神，与党的群众路线教育实践活动紧密结合起来，抓出实效。要以贯彻落实《办法》为契机，将社会救助工作纳入国民经济和社会发展总体规划，纳入政府工作目标考核体系。

（二）强化能力建设。各地要加强社会救助经办机构建设，科学整合基层社会救助管理资源，确保事有人管、责有人负。加强经费保障，按照《办法》“将政府安排的社会救助工作经费纳入财政预算”的有关规定，落实好社会救助工作经费。积极探索创新社会救助经办服务方式，加大政府购买服务力度，通过设置公益岗位、聘用专业社工、吸纳志愿者、灵活用工等途径，充实基层工作力量，协助做好困难排查、信息报送、宣传引导、公示监督等工作。

（三）加强监督检查。各地要加强《办法》落实情况的督促检查和考核奖惩，定期、不定期开展督促检查，针对存在问题，提出整改措施，狠抓政策落实。对落实政策不力，在实施救助审核审批过程中滥用职权、徇私舞弊、失职渎职的责任人员，要依纪依法追究责任。民政部将会同有关部门加强《办法》贯彻落实情况监测和信息通报，及时了解掌握各地《办法》执行情况，按季度进行通报；并会同有关部门组成联合检查组，对各地贯彻落实情况适时进行专项督查。

（四）加强政策宣传。各地要结合实际，组织好《办法》的学习

宣传工作，做到领导干部熟悉《办法》、工作人员精通《办法》、广大群众了解《办法》。要多渠道、多形式做好《办法》宣传工作，各级民政部门要结合社会救助宣传周等活动建立社会救助宣传长效机制；教育、人力资源社会保障、住房城乡建设、卫生计生等部门要在各自职责范围内做好相关救助政策的宣传工作。要加强与媒体的合作，充分发挥报刊、广播、电视以及互联网、微博等新媒体传播速度快、覆盖面广的优势，广泛、深入地宣传《办法》，确保困难群众知晓政策规定，营造全社会关心支持社会救助工作的良好氛围。

各地贯彻落实《办法》有关情况请及时上报。

中华全国总工会关于印发《中央财政专项帮扶资金使用管理办法》的通知

（总工发〔2015〕20号　2015年5月8日）

各省、自治区、直辖市总工会：

为进一步规范中央财政专项帮扶资金的分配、使用和管理，现将《中央财政专项帮扶资金使用管理办法》印发给你们，请遵照执行。

中央财政专项帮扶资金使用管理办法

第一条　为加强中央财政专项帮扶资金（以下简称帮扶资金）管理，提高资金使用效能，确保资金规范安全运行，依据《财政部关于印发〈困难职工帮扶中心专项资金管理办法〉的通知》（财建〔2006〕468号）制定本办法。

第二条　本办法所称中央财政专项帮扶资金，是指中央财政拨付的，用于支持各级工会困难职工帮扶中心开展困难职工（含困难农民工，下同）帮扶救助活动的专项资金。

第三条　帮扶资金发放和使用，应当坚持“依档帮扶”“先建档、后帮扶、实名制”的原则。各地工会应根据全国总工会制定的困难职工档案管理办法，准确核查困难职工家庭状况，建立困难职工档案并动态管理。

第四条　帮扶资金使用对象是已纳入工会档案的困难职工家庭，

主要包括：

（一）家庭人均收入低于当地最低生活保障线，经政府救助后仍生活困难的职工家庭。

（二）家庭人均收入虽略高于当地最低生活保障线，但由于患病、子女上学、残疾、单亲及其他特殊原因造成生活困难的职工家庭。

（三）因职工本人或家庭成员遭遇突发事件、意外伤害、重大疾病或其他特殊原因导致生活困难的职工家庭。

困难农民工应符合（一）至（三）款所规定条件且加入工会组织。

第五条　帮扶资金适用于生活救助、医疗救助、子女助学、法律援助、职业培训、职业介绍等帮扶项目。

（一）用于生活救助的资金，每户每年不得超过当地低保标准年度总和。

（二）用于医疗救助的资金，不得超过医疗费用个人自付部分。

（三）用于助学救助的资金，每生每年不得超过十个月基本生活费用总和。

（四）用于职业培训、职业介绍的资金，执行当地政府人力资源和社会保障部门制定的同类工种标准。

（五）用于法律援助的资金，执行当地政府司法行政部门制定的法律援助补贴标准。

帮扶资金不得用于下列支出：支付帮扶中心工作人员工资或办公经费；发放各种奖金、津贴和福利补助；购买车辆、手机等交通工具及通讯设备；帮扶中心基本建设投资；其他与困难职工群体帮扶无关的支出。

第六条　帮扶资金的分配由各省、自治区、直辖市总工会参照地市级工会上一年度资金使用情况，依据各地经济社会发展总体状况、最低生活保障标准和建档困难职工户数、自然灾害发生情况以及绩效评价结果等因素制定，并经领导班子集体审议后报全国总工会。

第七条 帮扶资金的预算、决算按照全国总工会预算管理办法要求执行，纳入县以上工会预算、决算统一管理。帮扶资金根据预算于本年度使用完毕，不得结转下年度。

第八条 帮扶资金使用应采取非现金支付形式，用于困难职工生活救助、医疗救助、子女助学的，应当通过银行卡（存折）发放，帮扶中心应及时将帮扶项目、金额、次数和具体时间通知困难职工家庭，并将银行对账单存档备查。用于其他帮扶项目的，采取银行转账方式结算，属于政府采购范围的，执行政府采购有关规定。

帮扶资金使用情况应当在30个工作日内录入全国工会帮扶工作管理系统。

第九条 帮扶资金实行独立核算、专账管理、专款专用。核算单位应当按照工会会计制度要求设置会计科目，建立总账、明细账和其他辅助台账。

第十条 各级工会应加强帮扶资金管理监督。

（一）保障部门负责制定困难职工建档和帮扶标准，对帮扶资金的管理和使用进行指导督查，编制资金分配和使用方案。帮扶中心负责建立和管理困难职工档案，开展具体帮扶活动。

（二）财务部门负责帮扶资金的接收、拨付等财务管理，规范会计核算，加强财务指导和检查。

（三）经审部门负责帮扶资金管理使用的审计监督。

第十一条 帮扶资金专款专用，任何单位和个人不得截留、挤占、挪用。对违反规定弄虚作假、骗取资金、挤占挪用的，上级工会应根据情况减拨或停拨资金、追回违规所得资金。

第十二条 各省、自治区、直辖市总工会根据本办法的规定，结合本地实际，制定具体实施细则，报全国总工会备案。各省、自治区、直辖市总工会筹集的配套资金参照本办法执行，其中地方财政专项帮扶资金根据当地财政批复执行。

第十三条 本办法自下发之日起执行，《中华全国总工会关于困难职工帮扶中心专项资金使用管理办法（暂行）》（总工发〔2009〕36号）同时废止。

第十四条 本办法由全国总工会负责解释。

中华全国总工会关于进一步做好困难职工解困脱困工作的实施意见

（总工发〔2016〕7号　2016年5月20日）

根据党中央关于加大城市困难职工解困脱困帮扶和保障力度的指示精神，为扎实推进困难职工解困脱困工作，确保困难职工同步迈入小康社会，现结合工会实际提出以下实施意见。

一、指导思想

全面贯彻落实党的十八大和十八届三中、四中、五中全会精神，以邓小平理论、“三个代表”重要思想、科学发展观为指导，深入贯彻习近平总书记系列重要讲话精神特别是关于工人阶级和工会工作的重要论述，紧紧围绕“五位一体”总体布局和“四个全面”战略布局，牢固树立和贯彻五大发展理念，着力践行以人民为中心的发展思想，认真落实中央政治局常委会“加大城市困难职工解困脱困的帮扶和保障力度”要求，把“精准”贯穿困难职工解困脱困工作全过程，明确工作目标、突出工作重点、抓住关键环节，精准聚焦、持续发力，做到底数精准、原因精准、措施精准、解困脱困精准，既要帮助困难职工解决眼前困难，做到无基本生活之忧；又要帮助他们脱困，走上致富之路，确保到2020年困难职工同步迈入小康社会。

二、目标任务

（一）对纳入低保且具有劳动能力、但未实现充分就业的困难职工，着重帮助其实现就业创业，提高家庭收入实现解困脱困。

（二）对因各类因素造成实际收入或生活水平低于低保线、但尚未纳入低保的困难职工，着重推动其纳入社会保障解困。其中，对没有社会保险或没有落实待遇的，推动其纳入社会保险并享受相应待遇；对丧失劳动能力或社会保险金不足以保障基本生活的，推动纳入低保兜底。

（三）对患重特大疾病、遭受自然灾害或意外事故等导致家庭支出突增，造成生活困难的职工，着重推动其纳入医保制度和政府临时救助、灾害救助制度。其中，对因病致困的职工，推动其纳入大病保险和医疗互助保障。

（四）对长期居住在城市、生活遇到特殊困难的农民工，推动其享有均等化公共服务，使其生活条件得到显著改善。

（五）对在供给侧结构性改革特别是化解过剩产能和僵尸企业兼并重组、破产清算、事业单位改革过程中，部分因下岗失业或其他原因造成生活困难的职工，协同政府落实好政策措施，解决好转岗、再就业等安置和社会保障问题。

三、工作措施

（一）科学制定工作规划和措施。

1. 强化精准识别，坚持精准施策。科学制定困难职工标准，准确界定解困脱困对象。按照标准对困难职工档案重新核查，符合标准的保留，不符合的退出。深入调查研究，全面准确掌握困难职工规模、数量、分布等情况。深入分析致困原因，找准解困脱困措施，户策对接，建档立卡，做到一户一档案、一户一计划、一户一措施，因户施策，分类帮扶。

2. 制定困难职工解困脱困工作规划。紧紧围绕到2020年实现困难职工全部解困脱困目标要求，在全面摸清困难职工家庭状况的基础上，结合本地实际，科学制定今后5年的工作规划，统筹规划政策对接、项目安排、成效目标等具体措施，确保目标任务明确、资源配置合理、措施精准到位。

（二）采取“四个一批”措施开展分类帮扶。

1. 针对有劳动能力的困难职工，通过加强技能培训、提供创业援助等方式，以就业创业解困脱困一批。将有劳动能力的困难职工纳入政府主导的积极就业政策，充分运用就业创业扶持政策、化解过剩产能职工安置政策等，帮助困难职工实现就业再就业。更多关注就业特殊困难群体，协助政府确保有就业能力的零就业家庭至少有一人就业。实施“技能培训促就业”计划，发挥各级工会培训阵地作用，帮助有劳动能力的下岗职工掌握技能，实现再就业。实施“创业援助”计划，对有创业意愿并具备条件的困难职工，给予创业培训、创业指导和无息贷款、小额贷款贴息、生产资料支持等多种扶持，帮助他们创业。实施“阳光就业”计划，帮助困难职工家庭高校毕业生就业。

2. 针对因企业欠缴社会保险费或没有落实相关社保待遇的困难职工，将其纳入国家社会保险制度覆盖一批。协同政府做好化解过剩产能、厂办大集体改革、资源枯竭城市转型等过程中的社会保障政策落实工作。困难职工与企业解除劳动关系的，推动政府和企业做好各项社会保险关系接续、转移和待遇的落实。困难职工因企业欠缴社会保险费而不能办理退休的，要督促企业依法补缴社会保险费用。对未参加基本养老保险的困难职工，要推动政府采取有效措施，将其纳入基本养老保险范围。对因无法正常领取失业保险金，或者工伤认定困难、工伤保险待遇落实不到位等原因，造成家庭困难的职工，推动落实待遇；符合低保条件的，帮助其按政策规定纳入低保范围。

3. 针对因病致困的职工，推动将其纳入大病保险和医疗互助保险保障一批。积极推动因病致困职工纳入基本医疗制度保障范围。推动建立职工大病保险制度，提高重大疾病救治水平，推动完善医疗救助制度，推进“费用+病种”的医疗救助模式，逐步提高重特大疾病患者的自负医疗费用救助比例。协调慈善机构给予相关特殊病种免费救治。实施“职工医疗互助”计划，将大病致困职工全部纳入职工医疗互助活动和职工医疗互助保险范围。有条件的地方工会可以出资开展大病专项救助活动。

4. 针对符合低保条件的困难职工，通过社会救助兜底一批。协助政府统筹实施最低生活保障、特困人员供养、受灾人员救助、教育救助、住房救助、就业救助、临时救助等社会救助制度，提高低保标准，强化社会救助托底功能。加大分类施救力度，对生活特别困难的职工予以特别救助，符合低保条件的做到应保尽保。实施“金秋助学”计划，推动困难职工家庭上学子女纳入国家“奖、助、贷、勤、减、免”助学体系，按年度适当补助上学期间所需生活费、路费，确保困难职工子女上得起学，顺利完成学业。

5. 高度关注供给侧结构性改革中职工生产生活遇到的新情况新问题。协同政府妥善解决煤炭、钢铁等产能过剩行业兼并重组、破产清算企业中的职工安置和社会保障问题。组织困难企业职工开展劳动竞赛、岗位创新创效、创建“工人先锋号”等活动，促进企业提高经营水平和盈利能力，引导和支持企业与职工共渡难关。充分发挥工会“大学校”作用，适应供给侧结构性改革对职工素质的要求，依托工会院校、职工技能实训基地，充分运用网络信息技术，推进校企结合、工学结合，加强技能培训。围绕着力推进供给侧结构性改革，针对经济下行压力加大、部分企业效益下滑的情况，依法维护职工劳动就业、收入分配、社会保障、劳动安全卫生等劳动经济权益。引导职工依法理性表达利益诉求，加强对困难职工的思想引领、心理疏导和困难帮扶、法律援助。

（三）整合资源提升解困脱困效益。

1. 创新解困脱困工作方法。在地方党委领导下，把做好困难职工解困脱困工作纳入当地经济社会发展规划和党政考核体系，推动政府出台并用好各项政策以及困难群体专项帮扶政策，对接困难职工需求，形成推进工作合力。以工会改革创新为契机，建立以困难职工需求为导向，互联网“线上”“线下”相统一、互为补充的服务职工工作体系。充分发挥280万个基层工会组织、20多万个帮扶中心和站点作用，拓展服务功能，推动政策帮扶、制度保障；探索建设“互联网+”服务职工平台，为广大职工特别是困难职工提供多样化、全方位的普惠性服务。鼓励工会采取与社会资本合作、购买服务等市场运作模式开展工作。大力开展帮扶志愿服务活动。

2. 深入开展“一帮一”结对帮扶工作。各级工会组织要开展“一帮一”结对帮扶困难职工工作，确保每个困难职工家庭都有单位帮扶，都有解困脱困责任人，坚持一帮到底，不达目标不脱钩。各级干部要深入困难职工家中，详细了解家庭状况、致困原因和发展需求，帮助制定针对性、操作性强的帮扶措施，重点帮助有劳动能力的困难职工实现稳定就业，帮助困难职工尽快脱困致富。要帮助困难职工树立自立自强、干事创业的信心，提高自我发展能力。

3. 做实做细为困难职工送温暖工作。进一步健全送温暖机制，强化雪中送炭、纾难解困功能，把有限的资金瞄准最困难的职工。转变送温暖集中在节日发放慰问金方式，对特别需要救助帮扶的困难职工，按月或按季度定期发放生活补贴，实现送温暖经常化、常态化。深入困难企业、困难职工家中，开展日常定期走访，及时发现和研究解决困难企业和困难职工存在的问题，开展定向、专项的帮扶和服务。组织职工开展互助互济活动，吸引企业和社会组织为困难职工提供更多的服务。

四、组织保障

（一）强化组织领导。

各级工会要把困难职工解困脱困工作摆上工会工作重要议事日程，主要负责同志要强化责任担当，带头研究谋划、带头部署推进、带头督促检查。结合实际制定具体实施方案，明确目标任务和重点措施，一级抓一级、层层抓落实。制定严格考核考察办法，逐级建立目标责任制，签订责任书，把困难职工解困脱困工作作为考核各级工会工作业绩的重要内容，作为考察工会干部的重要依据。

（二）加大投入。

各级工会要加大人力、物力、财力投入，集中优势力量做好困难职工解困脱困工作。加强与当地经济社会发展规划、保障和改善民生政策精准对接，争取财政加大支持力度。全总回拨的工会经费要向困难职工解困脱困工作进一步倾斜。要加强帮扶资金使用和政策执行的监管，严肃查处违纪违规问题，坚决杜绝占用帮扶资金搞政绩工程和形象工程。

（三）做好宣传引导。

要充分运用中央主流媒体和工会新闻宣传阵地以及网络、微信、微博、手机等新媒体，加大对困难职工解困脱困工作的宣传力度，大力宣传党中央对困难职工的关心关爱，宣传各级工会的工作进展和成效，把社会各方面参与困难职工解困脱困的积极性调动起来，营造良好的舆论氛围。要加强对困难职工的思想教育，引导他们正确对待遇到的暂时困难，提振信心、凝心聚力，积极支持参与推动改革。

（四）改进工作作风。

各级工会要把推进困难职工解困脱困工作与加强干部队伍建设、改进工作作风结合起来，与开展“两学一做”学习教育结合起来，深入困难职工群体，摸实情、出实招，加强分类指导、推动解决问题，让广大职工切实感到工会组织是真正的“职工之家”，工会干部是值得他们信赖的“娘家人”。

各省、自治区、直辖市总工会要按照本实施意见，结合各地实际，抓紧研究制定工作方案和实施细则，报全国总工会备案。全国总工会每年对困难职工解困脱困工作组织实施和目标任务完成情况开展专项督查。

中华全国总工会办公厅关于印发《困难职工档案管理办法》的通知

（总工办发〔2016〕36号　2016年12月5日）

各省、自治区、直辖市总工会：

为进一步规范困难职工档案，发挥困难职工档案在对困难职工精准帮扶、解困脱困中的基础性作用，现将《困难职工档案管理办法》印发给你们，请遵照执行。

困难职工档案管理办法

第一条　为进一步加强和完善工会困难职工档案（以下简称档案）建立、管理工作，全面、真实、及时地掌握困难职工家庭的生活状况，使困难职工档案在对困难职工精准帮扶、解困脱困中发挥基础性作用，特制定本办法。

第二条　本办法适用于各级工会组织对困难职工家庭开展帮扶工作中形成的档案的管理。

第三条　困难职工家庭包括：连续6个月以上家庭实际人均收入低于当地最低生活保障标准，未经政府救助，生活特别困难的职工家庭；家庭人均收入低于当地最低生活保障标准，经政府救助后仍生活困难的职工家庭；家庭人均收入略高于当地最低生活保障标准（可根据实际情况参照当地人民政府规定的低收入标准），但由于患病、子女上学、残疾、单亲及其他特殊原因造成生活困难的职工家庭；家庭人均收入在当地最低生活保障标准3倍（含）以内，但由于遭受突发事件、意外伤害、重大疾病及其他原因导致生活困难的职工家庭；加入工会组织、按务工地标准且符合上述条件之一的农民工家庭。

第四条 具有下列情形之一的职工家庭，不建立档案：拥有2套（含）以上住宅的；拥有商业店铺或雇佣他人从事经营活动的；子女进入高收费私立学校或自费出国留学的；非受雇佣经常使用机动车辆、船舶、工程机械以及大型农机具的。

第五条 本办法所称档案是指各级工会组织在对困难职工家庭开展帮扶工作中形成的具有保存价值的文字、图表、音像（照片、录音、录像）、电子数据等不同形式和载体的历史记录。

第六条 档案由下列三部分组成：

（一）困难职工原始档案。主要内容包括：困难职工帮扶申请书或经本人签字认可的基层单位工会帮扶申报材料；困难职工及有关家属身份证明材料、收入证明材料、公示证明材料；困难职工原始信息表（应与工会帮扶工作管理系统中电子档案保持一致）。各地也可根据实际需要增加档案内容。

（二）按财务制度管理的档案。有关中央财政专项帮扶资金、地方财政配套资金、用于帮扶救助的工会经费以及其他资金的政策、规定、制度等；帮扶资金的分配方案、会计凭证、银行单据等；中央财政专项帮扶资金实名制汇总表、预决算报表（报告）等。

（三）日常帮扶工作档案。帮扶工作政策、规定、制度；帮扶工作会议记录、纪要；帮扶工作有关请示、报告及上级机关的批复、复函；帮扶工作有关报表和数据统计资料等。

第七条 档案管理工作实行统一领导、分级负责、动态管理。各级工会档案工作接受上级工会、本级工会及档案管理部门的指导和监督。

第八条 坚持属地管理的原则。与用人单位建立劳动关系的困难职工，由用人单位工会负责建立档案。灵活就业人员，由街道（社区）工会负责建立档案；如街道（社区）尚未成立工会，由上一级工会或县级（含）以上工会帮扶（服务）中心负责建立档案。有条件的县级（含）以上工会，可通过社会救助家庭经济状况核对机制核查、比对帮扶对象的金融资产等拥有状况。

第九条 与原用人单位解除劳动关系的失业人员，在领取失业金期间符合建档条件的，由街道（社区）工会负责建立档案；如街道（社区）尚未成立工会，由上一级工会或县级（含）以上工会帮扶（服务）中心负责建立档案；重新就业后仍符合建档条件的，由新用人单位工会重新认定并负责建立档案。

第十条 已实行社会化管理的退休人员，原则上不再纳入建档范围。

第十一条 坚持一户一档案，避免重复建档、重复统计。

第十二条 按照建档工会入户调查摸底或职工个人申报、审批对象公示、建档工会核实、上级工会复核、县级（含）以上工会帮扶（服务）中心备案的程序，建立困难职工原始档案。基层工会建立的困难职工原始档案副本需报县级（含）以上工会帮扶（服务）中心备案。县级（含）以上工会帮扶（服务）中心建立的困难职工原始档案由本级工会帮扶（服务）中心或本级工会管理。县级（含）以上工会帮扶（服务）中心对基层工会建立的原始档案进行严格复核，对不符合要求的档案应及时退回原建档单位。

第十三条 各建档单位对档案实行动态管理。做到随时发现随时录入，随时变化随时调整，随时脱困随时撤档。做到纸质档案与电子档案保持同步，一种档案发生变化时，另一种档案应不晚于30个工作日完成同步工作。做到每年对档案至少进行一次集中清理。

第十四条 原用人单位被撤消，其单位工会应及时将档案移交到职工所在的新用人单位工会或街道（社区）工会，无法移交的档案由所属工会帮扶（服务）中心或上一级工会负责代管。

第十五条 档案按保管期限和要求分类管理。按财务制度管理的有关档案，应根据会计档案归档要求进行归档整理。其他档案均按文书档案归档要求，独立设置类别归档整理。困难职工原始档案自撤档之日起保管10年。音像（照片、录音、录像）等特殊载体类档案应与纸质文件材料同时归档，档案保管期限相同。具有永久保存价值的电子文本、图形、数据表格归档时，应同时生成纸质文件材料一并归档保存。

第十六条 应安排专人负责整理、保管、提交档案资料，并负责档案安全。档案管理人员调离工作岗位时，应办妥档案交接手续。

第十七条 建立健全档案借阅、查询、使用制度，做好档案保密工作。档案一般用于工会系统工作查阅，不予外借。建档职工个人凭本人有效身份证件可查询本人档案信息。外单位查询档案需经档案保管单位批准，并办理有关查阅手续。查询者应严格遵守查档规定和保密制度，不得泄露或擅自对外公布档案内容。

第十八条 加大档案信息化工作软硬件投入，加强档案信息的收集、管理、使用和安全等方面的建设，进一步提升档案信息共享和精准帮扶的效果。

第十九条 对擅自损毁、涂改、伪造档案和因工作失职造成档案损毁、丢失的，应按照有关规定查处。

第二十条 省、自治区、直辖市总工会根据本办法的规定，结合本地实际，制定具体实施细则。

第二十一条 本办法自公布之日起执行,《中华全国总工会办公厅关于建立困难职工档案制度暂行办法》(总工办发〔2006〕36号)同时废止。凡过去文件规定与本办法不一致的,以本办法为准。

第二十二条 本办法由全国总工会负责解释。

第二部分　云南省政策文件

云南省城市居民最低生活保障办法

（2002年8月28日云南省人民政府令第114号公布）

第一条 为了保障城市贫困居民的基本生活，根据国务院《城市居民最低生活保障条例》（以下简称《条例》），结合本省实际，制定本办法。

第二条 在本省行政区域内实施最低生活保障制度，必须遵守《条例》和本办法。

第三条 城市居民最低生活保障制度遵循保障城市居民基本生活的原则，坚持国家保障与社会帮扶相结合、鼓励劳动自救的方针，实现将所有符合条件的城市贫困居民都纳入保障范围的目标。

第四条 城市居民最低生活保障制度实行各级人民政府负责制。县级以上民政部门具体负责本行政区域内城市居民最低生活保障的管理工作。

县级民政部门以及街道办事处和镇人民政府负责城市居民最低生活保障的具体管理审批工作。

管理审批机关可以委托居民委员会或者企业工会负责本辖区或者本企业城市居民最低生活保障的日常管理工作。

财政、统计、计划、审计、人事、劳动和社会保障等部门应当按照各自职责，共同做好城市居民最低生活保障工作。

第五条 持有本省非农业户口的城市居民，凡共同生活的家庭成员按家庭收入计算，人均月收入低于当地城市居民最低生活保障标准的，均有从当地人民政府获得基本生活物质帮助的权利。

第六条 本办法所称家庭成员，是指户主和与其共同生活的下列人员：

（一）配偶、子女（包括从本地到外地就读的子女）、父母；

（二）具有法定的赡养、抚养、扶养关系的祖父母、外祖父母，孙子女、外孙子女，兄弟姐妹；

（三）县级以上民政部门依法认定的其他人员。

第七条 本办法所称家庭收入，是指共同生活的家庭成员的全部货币收入和实物收入的总和。包括以下部分：

（一）工资、奖金、津贴、补贴和其他各类劳动收入；

（二）离退休金、养老金、救济金、保险金；

（三）赡养费、抚养费和扶养费；

（四）继承、赠与收入；

（五）出租、转让财产收入；

（六）偶然所得收入；

（七）省民政部门规定的其他家庭收入。

第八条 下列收入不计入城市居民申请享受最低生活保障待遇的家庭收入：

（一）优抚对象按照国家规定享受的抚恤金、补助金；

（二）在职人员按规定由所在单位代缴的住房公积金及各项社会统筹保险费；

（三）县级以上人民政府及有关部门给予的一次性奖励；

（四）独生子女保健费；

（五）丧葬费。

第九条 城市居民申请享受最低生活保障待遇，其家庭收入按提出申请之月前连续 3 个月的家庭月人均收入计算。

第十条 城市居民最低生活保障标准，按照当地维持城市居民基本生活所必需的衣、食、住费用，并适当考虑水电燃煤（燃气）费用、未成年人的义务教育费用以及考虑当地下列因素确定：

（一）城市居民实际生活水平；

（二）物价指数；

（三）经济发展水平；

（四）其他各项社会保障标准。

第十一条 市辖区的城市居民最低生活保障标准，由市民政部门会同财政、统计、计划等部门制定，报市人民政府批准并公布执行。

县（市）的城市居民最低生活保障标准，由县（市）民政部门会同财政、统计、计划等部门制定，报本级人民政府批准并报州、市人民政府、地区行政公署备案后，再由县（市）人民政府公布执行。

第十二条 城市居民最低生活保障标准应当适时根据当地实际情况逐步提高。需要提高时，应当依照前两条的规定进行核定。

第十三条 申请享受城市居民最低生活保障待遇，由户主向户籍所在地的街道办事处、镇人民政府或者其委托的居民委员会、企业工会提出书面申请，并出具户籍、收入状况等证明材料，填写《城市居民最低生活保障待遇审批表》。

街道办事处、镇人民政府及其委托的居民委员会、企业工会应当对申请人所出具的证明材料和填写的审批表进行审核，自收到申请人提出的申请之日起20日内提出初审意见，并由街道办事处、镇人民政府将有关材料和初审意见报县级民政部门审批。

县级民政部门、街道办事处和镇人民政府及其委托的居民委员会、企业工会可以通过入户调查、邻里访问以及信函索证等方式对申请人的家庭经济状况和实际生活水平进行调查核实。申请人及有关单位、组织或者个人应当接受调查，如实提供有关情况。

第十四条 县级民政部门应当自收到初审意见之日起10日内对报送其审批的有关材料和初审意见进行审查，并依照《条例》第八条的规定，作出批准其全额享受、差额享受城市居民最低生活保障待遇或者不予批准的决定。

对经批准享受城市居民最低生活保障待遇的城市居民（以下简称低保对象），应当按户发给《城市居民最低生活保障金领取证》，并以户为单位在低保对象所在单位或者居住地张榜公布，接受群众监督。

不予批准的，应当将不予批准的决定和理由以及不服该决定申请行政复议的权利书面通知申请人。

第十五条 城市居民最低生活保障金从县级民政部门批准的当月起计发，由街道办事处、镇人民政府或者受其委托的居民委员会、企业工会按月发放，凭《城市居民最低生活保障金领取证》领取。对行动不便和年老多病的，应当委派专人负责按月送达。

第十六条 低保对象因户籍变动的，应当在户籍迁入地重新申请城市居民最低生活保障待遇。

第十七条 低保对象的家庭成员、家庭收入状况发生变化的，应当在当月内向街道办事处、镇人民政府或者其委托的居民委员会、企业工会报告，并办理下月起停发、减发或者增发城市居民最低生活保障金的手续。

停发保障金的，应当将《城市居民最低生活保障金领取证》交回镇人民政府或者街道办事处，由镇人民政府或者街道办事处交回县级民政部门核销；减发或者增发保障金的，应当重新填写审批表，进行再次审核。

街道办事处、镇人民政府及其委托的居民委员会、企业工会应当对领取保障金的城市居民的家庭收入情况定期进行核查，一般每3个月核查1次。

第十八条 已失业或者尚未就业的低保对象属法定就业年龄且有劳动能力的，在享受城市居民最低生活保障待遇期间，应当参加其所在居民委员会组织的公益性社区服务劳动，并主动就业或者接受有关部门介绍就业。

依照前款规定主动就业或者接受有关部门介绍就业的低保对象，自就业之日起 3 个月内因就业所增加的收入，不计入家庭收入。

第十九条 各级人民政府及其有关部门，应当对低保对象在住房、水电、燃煤（燃气）、就业、从事个体经营等方面给予扶持，并针对低保对象制定必要的扶持和优惠政策。

工商、税务部门在工商登记、管理和税收方面应当对从事个体经营、自谋职业的低保对象给予照顾和优惠。

低保对象新办信息业、咨询业、技术服务业个体经营的，自开业之日起，其经营所得免征个人所得税两年；新办从事社区居民服务个体经营的，自开业之日起，其经营所得免征个人所得税 1 年；利用自有住房从事科技、信息、文化、修理等服务行业个体经营的，自从业之日起 5 年内免收土地有偿使用费。

第二十条 学校和其他教育机构应当对就学的低保对象减免学杂费及有关费用。

低保对象到定点医院或者其他非营利性医疗机构就医时，医疗机构应当凭保障金领取证免收其普通挂号费和适当减免住院及门诊床位费。

低保对象到营利性医疗机构就医时，医疗机构可以参照前款规定，对其适当减免医疗费用。

第二十一条 县级以上人民政府应当将城市居民最低生活保障所需资金列入本级财政预算，并纳入社会救济专项资金支出项目。

上级人民政府在安排城市居民最低生活保障资金时，应当根据财力，对确有困难的下一级人民政府给予适当补助。

第二十二条 城市居民最低生活保障资金的来源：

（一）县级以上人民政府财政预算安排的城市居民最低生活保障金；

（二）上级财政的补助；

（三）社会组织和个人提供的捐赠、资助；

（四）保障资金利息收入；

（五）其他来源。

第二十三条 城市居民最低生活保障资金实行专户管理。

城市居民最低生活保障补助资金纳入财政在国库开设的财政社会保障补助资金专户管理。县级财政部门应当将城市居民最低生活保障补助资金纳入在国有商业银行开设的社会保障基金财政专户管理。县级民政部门应当在国有商业银行开设城市居民最低生活保障资金支出专户。

城市居民最低生活保障资金必须专款专用，年终结余转下一年度继续使用，任何部门、单位或者个人不得截留、挤占和挪用。

第二十四条 县级以上民政部门应当按照编制预算的规定和要求，在每年年底前根据实际需要提出下一年度城市居民最低生活保障资金及工作经费的用款计划，经同级财政部门审核后，列入财政预算。

县级以上民政部门应当按照规定向同级财政部门报送城市居民最低生活保障资金会计报表和年度决算报表。

第二十五条 县级民政部门应当于每月25日前向同级财政部门报送《城市居民最低生活保障资金使用情况统计表》和《经费用款计划表》，财政部门经审核同意后，应当在次月10日前将资金从财政专户拨入民政部门开设的城市居民最低生活保障资金支出专户。

民政部门应当按月拨付和发放城市居民最低生活保障金。

第二十六条 财政、审计等部门依法监督城市居民最低生活保障资金的管理和使用情况。

第二十七条 县级以上民政部门应当按月统计低保对象的人数、家庭数以及保障金的发放数量等情况，报上一级民政部门汇总并报同级统计部门备案。

第二十八条 从事城市居民最低生活保障管理审批工作的人员有下列行为之一的，由其所在单位、部门或者上级机关依照《条例》第十三条规定给予批评教育，依法给予行政处分；构成犯罪的，依法追究刑事责任：

（一）对符合最低生活保障条件的城市居民不予签署同意享受最低生活保障待遇意见的，或者对不符合最低生活保障条件的居民故意签署同意享受最低生活保障待遇意见的；

（二）贪污、挪用、扣压、拖欠、截留、挤占城市居民最低生活保障金的；

（三）擅自改变城市居民最低生活保障金发放数额的；

（四）有其他玩忽职守、徇私舞弊、滥用职权行为的。

第二十九条 低保对象有下列行为之一的，由县级民政部门依照《条例》第十四条规定给予批评教育或者警告，追回其冒领的城市居民最低生活保障金；情节恶劣的，处冒领金额 1 倍以上 3 倍以下的罚款：

（一）采取虚报、隐瞒、伪造等手段，骗取享受城市居民最低生活保障待遇的；

（二）在享受城市居民最低生活保障待遇期间家庭收入情况好转，不按规定告知管理审批机关，继续享受城市居民最低生活保障待遇的。

前款所称情节恶劣的，是指下列情形：

（一）冒领金额超过2000元的；

（二）冒领时间超过6个月的；

（三）有其他恶劣情节的。

第三十条 城市居民对县级民政部门作出的下列决定之一不服的，可以依照《条例》第十五条规定和行政复议法的有关规定，向本级人民政府或者上一级民政部门申请行政复议；对复议决定仍不服的，可以依法提起行政诉讼：

（一）不批准享受城市居民最低生活保障待遇的决定；

（二）减发、停发城市居民最低生活保障待遇的决定；

（三）依照本办法第二十九条规定作出的行政处罚决定。

第三十一条 低保对象除按照本办法享受保障待遇和扶持、优惠措施外，还可以按照国家和各级人民政府及其有关部门的规定，享受其他扶持、优惠政策。

第三十二条 本办法自2002年12月1日起施行。

云南省人民政府关于建立健全普通本科高校高等职业学校和中等职业学校家庭经济困难学生资助政策体系的实施意见

（云政发〔2007〕166 号　2007 年 10 月 29 日）

各州、市、县（市、区）人民政府，省直各委、办、厅、局，各大中专院校：

为认真贯彻落实《国务院关于建立健全普通本科高校高等职业学校和中等职业学校家庭经济困难学生资助政策体系的意见》（国发〔2007〕13 号）精神，切实解决家庭经济困难学生就学问题，结合云南实际，提出如下实施意见。

一、提高建立健全家庭经济困难学生资助政策体系重要性和必要性的认识

党中央、国务院和省委、省政府高度重视家庭经济困难学生就学资助工作。近年来，实施了农村义务教育经费保障机制改革，初步建立了普通高校奖、贷、助、补、诚相结合的家庭经济困难学生资助政策体系和中等职业学校国家助学金制度，使家庭经济困难学生的学习和生活困难问题在一定程度上得到了缓解。但是，资助面偏窄、资助标准偏低的问题还比较突出，还需要各方面加大力度做好工作。

建立健全家庭经济困难学生资助政策体系，是党中央、国务院继农村义务教育经费保障机制改革之后，促进教育事业发展的又一重大决策。使家庭经济困难学生能够上得起大学、接受职业教育，是实践“三个代表”重要思想、落实科学发展观、构建社会主义和谐社会的重要举措；是云南实施科教兴滇、人才强省战略的切实保障；是进一步优化教育结构，促进教育公平和社会公正的有效手段；是履行公共财政职能，推进基本公共服务均等化的必然要求。充分体现了党和政府对民生问题的高度关注，体现了社会主义优越性，意义十分重大。

二、建立健全家庭经济困难学生资助政策体系的主要目标与基本原则

（一）主要目标。加大财政投入，落实各项助学政策，扩大受助学生比例，提高资助水平，从制度上基本解决家庭经济困难学生的就学问题。同时，进一步优化教育结构，维护教育公平，促进教育持续健康发展。

（二）基本原则。加大财政投入、经费合理分担、政策导向明确、多元混合资助、各方责任清晰。

1. 加大财政投入。按照建立公共财政体制的要求，依法增加财政投入，建立和完善以政府为主导的家庭经济困难学生资助政策体系。

2. 经费合理分担。国家励志奖学金和国家助学金由中央与地方按比例分担，我省承担部分由省级财政负担。鼓励支持民办教育。

3. 政策导向明确。在努力使家庭经济困难学生公平享有受教育机会的同时，鼓励学生刻苦学习，接受职业教育，鼓励学生选择国家最需要的专业，到艰苦地区基层单位就业；鼓励学校面向经济欠发达地区扩大招生规模。

4. 多元混合资助。统筹政府、社会等不同资助渠道，对家庭经济困难学生采取奖、贷、助、补、减等多种方式进行资助。

5. 各方责任清晰。中央与地方、各相关部门及学校明确分工，各司其职、落实责任、完善制度，接受社会各界群众监督，确保各项政策措施顺利实施。

三、建立健全家庭经济困难学生资助政策体系的主要内容

在不断完善“政府主导、社会参与、多方筹资、学校负责”的帮困、助学、育人体系的基础上，进一步建立健全普通本科高校、高等职业学校和中等职业学校家庭经济困难学生资助政策体系。

（一）完善奖学金和助学金制度。

国家奖学金资金由国家财政承担。用于奖励我省普通本科高校和高等职业学校全日制本专科在校生中特别优秀的学生，额度为每生每年 8000 元。

国家励志奖学金资金由国家和省按 8∶2 比例分担。用于奖励资助我省普通本科高校和高等职业学校全日制本专科在校生中品学兼优的家庭经济困难学生，适当向农林水地矿油核及师范等专业的学生倾斜，奖励资助面平均约占全省高校在校生的 3%，额度为每生每年 5000 元。

省政府奖学金资金由省财政承担。用于奖励我省普通本科高校、高等职业学校和中等职业学校全日制本专科在校生中特别优秀的学生，每年预算为 1000 万元。其中普通高校省政府奖学金 600 万元，每年奖励 1000 名学生，奖励标准为每生每年 6000 元；中等职业教育省政府奖学金 400 万元，每年奖励 1000 名学生，奖励标准为每生每年

4000元。省政府奖学金管理办法由有关部门另行制定。

省政府励志奖学金资金由省财政承担。用于奖励资助我省普通本科高校和高等职业学校全日制本专科在校生中品学兼优的家庭经济困难学生，每年预算为1400万元，每年奖励3500名学生，资助标准为每生每年4000元。省政府励志奖学金管理办法由有关部门另行制定。

国家助学金资金由国家和省按8∶2比例分担。用于资助我省普通本科高校、高等职业学校全日制本专科在校生中家庭经济困难学生和中等职业学校所有全日制一、二年级在校学生。我省普通本科高校和高等职业学校国家助学金资助面平均约占全省普通本科高校和高等职业学校在校生总数的20%。普通本科高校和高等职业学校的国家助学金资助标准为每生每年2000元，可以分为2至3档，具体标准按照《云南省普通高校高等职业学校国家助学金实施细则》执行。各高校具体资助比例根据各地高校生源情况、平均生活费用、院校类别等因素确定。中等职业学校国家助学金资助所有全日制一、二年级在校学生，资助标准为每生每年1500元，连续资助两年，第三年实行工学结合、顶岗实习。

在同一学年内，普通本科高校和高等职业学校的学生不可兼得国家奖学金、国家励志奖学金、省政府奖学金、省政府励志奖学金。但申请并获得以上奖励的学生，可同时申请并获得国家助学金；申请并获得省政府奖学金的中等职业学校的学生，可同时申请并获得国家助学金。

从2007年秋季学期开始，省级承担资金由省财政新增预算解决。

（二）进一步完善和落实国家助学贷款政策。

按照《云南省普通高等学校国家助学贷款实施办法（试行）》（云政办〔2007〕27号），大力推进国家助学贷款；积极支持保险公司介入国家助学贷款风险防范体系，完善信用保险国家助学贷款政策；努力搭建银行和学校双赢的合作平台，鼓励高校和商业银行自主进行双向选择；开展生源地国家助学贷款，有关部门要密切合作、总结经验、完善相关政策，保证我省国家助学贷款的顺利开展。

（三）确保高校和中等职业学校从事业收入中足额提取专项助困经费。

高等学校和中等职业学校要按照有关规定从事业收入中提取一定比例的经费，用于学费减免、国家助学贷款风险补偿、勤工助学、校内无息借款、校内奖助学金和特殊困难补助等。具体管理办法由有关部门另行制定。

民办学校要在严格按照国家规定从事业收入中足额提取一定比例用于家庭经济困难学生资助的提前下，由省财政综合考虑其学费标准、就业率等因素，对学校给予一定补助。具体办法由有关部门另行制定。

（四）建立家庭经济困难学生档案。

各高等学校要按照教育部、财政部《关于认真做好高等学校家庭经济困难学生认定工作的指导意见》（教财〔2007〕8 号）要求，认真调查摸底，建立健全贫困学生特别是特困学生的档案，及时掌握并记录贫困学生家庭经济情况、学习情况和受资助情况。各中等职业学校要认真做好学生的户籍核查和家庭经济困难学生的认定工作，并参照高等学校的做法，建立健全学生资助档案。

四、建立健全家庭经济困难学生资助政策体系的工作要求

我省家庭经济困难学生资助政策体系针对性强，涉及面广，资金投入大，受益人数多。各地、各有关部门和各学校要按照国务院和省

人民政府的统一部署，周密安排，精心组织，扎扎实实地把这件惠及广大人民群众的大事抓好。

（一）健全机构，加强领导。

省人民政府成立“云南省学生资助工作领导小组”，统筹协调全省的资助工作，研究制定相应实施办法。领导小组办公室设在省教育厅，负责日常工作。各州（市）、县（市、区）人民政府也要成立学生资助工作领导小组，全面领导本行政区域内各级各类学校的学生资助工作。各级各类学校要设立由书记或校长任组长，主管学生、财务、后勤等工作的校领导任副组长的学生资助工作领导小组，及时研究解决学生资助中出现的重大问题，下设学生资助办公室，具体负责本校学生资助工作。

（二）分工负责，协调配合。

省教育厅负责全省家庭经济困难学生资助工作的组织实施与日常管理工作，并督促全省高校落实学生资助有关政策，研究并完善学生资助工作管理制度。

省财政厅负责足额安排建立健全家庭经济困难学生资助体系的地方分担资金。在国家资金下达后，财政部门会同教育部门要及时下达资助名额和预算，及时将资金拨付到学校，并督促学校做好发放工作。

省劳动保障厅负责全省技工学校家庭经济困难学生资助工作的组织实施与日常管理工作，并督促技工学校落实学生资助有关政策，研究并完善学生资助工作管理制度。

民政部门负责配合乡、镇人民政府和街道办事处，做好家庭经济困难学生的认定工作。公安部门负责配合学校做好中等职业学校学生户口的核实工作，配合经办银行做好国家助学贷款违约学生的身份核查工作。

人民银行昆明中心支行负责协调督促落实国家助学贷款经办金融机构；指导协调做好国家助学贷款业务的衔接；负责完善助学贷款监测制度，及时研究助学贷款业务发展过程中存在的问题并提出相关建议；负责完善征信管理系统，加强对学生征信知识的宣传教育，增强学生的诚信意识。

银监会云南监管局会同有关部门对办理国家助学贷款业务的经办银行进行资格审查和情况跟踪管理；对经办银行开展国家助学贷款的业务活动及其风险状况进行监管，建立银行业金融机构监督管理信息系统，分析、评价银行业金融机构的风险状况；规范国家助学贷款的统计数据、报表，并按照国家有关规定予以公布。

保监会云南监管局负责对国家助学贷款信用保险的监管工作；审批各保险分公司在保监会规定范围内调整其总公司已报经审批的费率；督促公司建立健全内部控制制度，防范经营风险；规范国家助学贷款信用保险市场，严肃查处违法违规行为。

审计和监察部门要加强对资助资金使用的审计与监督检查，对挤占挪用、弄虚作假套取资助资金等违法违规行为，要追究责任、严肃处理。

（三）强化管理，规范运作。

各有关部门和学生资助工作领导机构要各司其职、各负其责，加强对家庭经济困难学生资助经费安排使用、贫困学生认定、学校收费等情况的监督检查，切实提高资金使用的安全性、规范性和有效性。同时，要建立信访和投诉制度，广泛接受社会监督和群众投诉，组织资助管理机构定期和不定期开展监督检查工作。各级各类学校要严格按照财政部、教育部有关规定，遵循公平、公正的原则，建立科学可行的资助对象评审机制，加强资助对象评定工作，严格把握资助条件。

今后五年，全省各级各类学校的学费、住宿费标准不得高于2006年秋季相关标准。有关部门要规范学校收费行为，坚决制止乱收费。同时，加大对服务性收费和代收费的监督力度，切实减轻学生及家长负担。绝不允许一边加大助学力度，一边擅自提高收费标准、擅自设立收费项目。严格执行教育收费“收支两条线”管理。

（四）广泛宣传，营造氛围。

各级人民政府及有关部门和各级各类学校要通过电视、广播、报纸、网络等多种形式，广泛宣传家庭经济困难学生资助新政策体系，使这项惠民政策家喻户晓、深入人心。要充分发挥新闻媒体的重要作用，加强舆论引导和监督，努力营造良好的社会氛围。教育部门和各级各类学校在招生录取工作前后及新生入学期间，要利用招生宣传和录取通知书等方式，让广大学生及其家长及时知晓受助的权利。同时，要及时总结推广各学校资助工作的好经验、好做法，推动资助政策全面贯彻和落实。

云南省人民政府关于印发云南省公共租赁住房管理暂行办法的通知

（云政发〔2012〕14号　2012年3月5日）

各州、市人民政府，省直各委、办、厅、局：

现将《云南省公共租赁住房管理暂行办法》印发给你们，请认真贯彻执行。

云南省公共租赁住房管理暂行办法

第一章　总　则

第一条　为规范和加强我省公共租赁住房管理，完善住房保障管理体系，根据《国务院关于解决城市低收入家庭住房困难的若干意见》（国发〔2007〕24号）和《国务院办公厅关于保障性安居工程建设和管理的指导意见》（国办发〔2011〕45号）等规定，结合本省实际，制定本办法。

第二条　本省行政区域内公共租赁住房的建设、准入、配租、租赁、退出及其监督管理，适用本办法。

第三条　本办法所称公共租赁住房，是指政府提供财政投入和政策支持，限定套型建筑面积标准，按照合理标准组织建设，或通过长期租赁等方式筹集，按照当地政府规定的供应标准，面向符合本办法规定条件的群体供应的保障性住房，包括廉租住房。

第四条 县级以上住房城乡建设（住房保障）部门负责本行政区域内的公共租赁住房监督管理工作，发展改革、公安、监察、民政、财政、人力资源社会保障、国土资源、审计、地税、金融、工商等有关部门按照各自职责负责公共租赁住房的有关管理工作。

第五条 公共租赁住房采取由州（市）、县（市、区）人民政府投资建设、政府和企业共同投资建设、新建普通商品住房项目按照总建筑面积一定比例划块配建、鼓励企业和其他社会资本按照国家和省有关政策投资建设等多种模式建设，以及通过购买、改建、在市场上长期租赁住房等多渠道筹集。

新建的公共租赁住房单套建筑面积以 40 平方米左右的小户型为主。

公共租赁住房产权按照“谁投资、谁所有”的原则确定。

第二章 准入管理

第六条 公共租赁住房供应对象原则上为人均住房建筑面积低于 13 平方米、符合本办法规定收入条件的下列群体：

（一）城镇中等偏下收入和低收入住房困难家庭、单身人士、新就业职工；

（二）在城镇有稳定职业 1 年以上的云南省籍农业转移人口或外来务工人员；

（三）在城镇有稳定职业 3 年以上的非云南省籍外来务工人员；

（四）符合条件的其他群体。

第七条 申请公共租赁住房的收入条件原则上为：单身人士月收入不高于国家规定的“个人所得税工资、薪金所得减除费用标准”的 85%；2 人以上（含 2 人）家庭月收入按照不高于家庭实际人数乘以国家规定的“个人所得税工资、薪金所得减除费用标准”的 85% 计算。其中，廉租住房保障对象收入条件原则上为城镇人均月收入在当地政府确定的城市低保金数额的3倍以内。

具体准入条件由州（市）、县（市、区）人民政府结合当地实际确定，定期调整，并向社会公布。

第八条 已享受福利分房、廉租住房实物配租、经济适用住房等保障性住房的家庭，不得租赁公共租赁住房。

第九条 一个家庭或单身人士只能申请租赁一套公共租赁住房。以家庭为单位申请公共租赁住房的，需确定一名符合申请条件的家庭成员为申请人，其他家庭成员为共同申请人。单身人士申请公共租赁住房的，本人为申请人。公共租赁住房申请人应当年满18周岁，且具备完全民事行为能力。

第十条 公共租赁住房的申请人可向户口所在地或者工作所在地的县（市、区）住房城乡建设（住房保障）部门申请公共租赁住房，但不得同时在户口所在地和工作所在地申请。

第十一条 公共租赁住房的申请人应当如实申报家庭住房、收入和财产状况，声明同意接受审核机关调查核实其家庭住房和资产等情况。

第十二条 申请公共租赁住房的，应当提交下列材料：

（一）云南省公共租赁住房申请表；

（二）家庭成员居民身份证和户口簿复印件；

（三）工作单位提供的工作收入证明或者劳动合同、营业执照、纳税证明，社会保险经办机构提供的社会保险缴费证明，人才市场提供的大中专毕业生有关证明；

（四）申请人所在单位或者居住地街道办事处（乡镇人民政府）、公安部门、房屋产权管理部门出具的住房情况证明；

（五）州（市）、县（市、区）人民政府规定的其他证明材料。

第十三条 州（市）、县（市、区）住房城乡建设（住房保障）部门对申请材料应当按照有关规定进行审核；对审查合格的申请人资格在当地媒体进行不少于15日的公示，公示无异议的，申请人进入轮候库。具体审核程序和轮候期限由州（市）、县（市、区）人民政府按照有关规定确定。

第十四条 审核机关调查核实申请人住房、金融资产、车辆、工商注册、社会保险、缴税等情况的，有关机构应当依法提供便利。

第三章 配租管理

第十五条 公共租赁住房配租面积与申请人的家庭人数相对应，具体配租面积由州（市）、县（市、区）人民政府确定。

因人员变动申请换租相应规定面积的公共租赁住房的，应当向当地住房城乡建设（住房保障）部门提出申请，由住房城乡建设（住房保障）部门按照规定进行配租。

第十六条 对符合条件的申请人，按照申请的时间段、选择的公共租赁住房地点和相对应的户型面积摇号配租，并向获得配租的申请人发放配租确认通知书。对本次摇号未能获得配租的申请人，进入下一轮摇号配租；两次未摇到号的申请人，第三次可直接配租；若两次未摇到号的申请人较多、房屋不够直接配租时，各州（市）、县（市、区）可采取按照申请人员困难程度、申请顺序等方式进行合理配租。配租结果及时在当地媒体公布。

第十七条 领取配租确认通知书的申请人应当在收到当地住房城乡建设（住房保障）部门发出入住通知书后30日内签订《云南省公共租赁住房租赁合同》。未按期签订合同的，视为自动放弃，本次名额、指标作废，但可以按照程序重新申请。

第十八条 州（市）、县（市、区）人民政府引进的特殊专业人才，行政区域内符合条件的残疾人和老年人家庭，在行政区域工作的全国和省部级劳模、全国英模、荣立二等功以上的复转军人家庭、军队随军家属以及县级以上政府表彰的见义勇为人员等，符合公共租赁住房租赁（不含廉租住房）条件的，应当优先配租。

第十九条 企业参与建设的公共租赁住房可以优先向本企业符合条件的职工配租。

第二十条 配租给中等偏下收入住房困难的农业转移人口或者外来务工人员等群体的公共租赁住房时，住房城乡建设（住房保障）部门应当邀请相应的工会组织和街道、社区协助做好配租管理工作。

第四章 租赁管理

第二十一条 公共租赁住房租赁合同期限一般为3—5年。租赁期满需要续租的，承租人应当在合同期满3个月前重新提出申请，经审核符合条件的，应当重新签订租赁合同。

第二十二条 承租人享有按照合同约定使用公共租赁住房的权利。

第二十三条 公共租赁住房只能用于承租人自住，不得出借、转租或闲置，也不得用于从事其他经营活动。

第二十四条 承租人应当爱护并合理使用房屋及附属设施，不得擅自对房屋进行装修和改变用途。因使用不当造成房屋或者附属设施损坏的，应当负责修复或者赔偿。

第二十五条 承租人应当按时交纳公共租赁住房租金和房屋使用过程中发生的水、电、气、通信、电视、物业服务等费用。

第二十六条 公共租赁住房经营实施统一管理、分级定租。公共租赁住房租金以建设成本为基础，根据承租人收入状况和市场租金水平分级核定。租金原则上不得高于同地段同档次市场租金的70%。具体分级租金标准由县（市、区）人民政府结合当地实际、区分不同保障对象研究制定，每年定期向社会发布1次，并报州（市）人民政府和省住房城乡建设、发展改革部门备案。

公共租赁住房的租金可以从承租人住房公积金个人账户中支付。具体办法、标准等由各州（市）住房公积金管理委员会确定。

第二十七条　公共租赁住房小区可以实行产权所有单位自我管理，也可以聘请专业机构提供物业服务。

第五章　退出管理

第二十八条　承租人在合同期满没有续租或者终止租赁合同的，应当腾退公共租赁住房。

第二十九条　公共租赁住房承租人有下列行为之一且拒不整改的，解除租赁合同，收回公共租赁住房，其行为记入信用档案，并取消其在5年内再次租赁保障性住房的资格：

（一）采取提供虚假材料等欺骗方式取得公共租赁住房的；

（二）转租、出借的；

（三）擅自改变房屋结构或者使用性质的；

（四）拖欠租金和物业服务费累计6个月以上的；

（五）在公共租赁住房中从事违法活动的；

（六）违反租赁合同其他约定的。

第六章　监督管理

第三十条　州（市）、县（市、区）人民政府应当建立健全公共租赁住房申请、审核、公示、轮候、配租、退出等管理制度，确保做到租赁过程公开透明、租赁结果公平公正。

第三十一条　州（市）、县（市、区）人民政府应当建立住房保障管理信息系统，完善保障性住房和保障对象档案，动态监测住房保障对象家庭人口、住房和经济状况变化情况。

各地住房城乡建设部门应当建立公共租赁住房档案，详细记载规划、计划、建设和住房使用、运营等情况及承租人的申请、审核、轮候、租赁、退出和违法违约情况等有关信息。

第三十二条 州（市）、县（市、区）住房城乡建设（住房保障）部门应当定期组织对承租人履行合同情况进行监督检查。

第三十三条 公共租赁住房的规划、建设、租赁、运营和监督管理等工作接受社会监督。有关部门接到有关违法违纪行为举报的，应当依照各自职责及时处理。

第三十四条 政府投资建设的公共租赁住房租金收入实行收支两条线管理，全部专项用于偿还贷款、日常维护和运营管理。违法违规收取、贪污、挪用公共租赁住房租金收入的，依法予以处理。

第三十五条 为申请人出具虚假证明材料的，有关部门应当依法追究相关单位和人员的责任。

第三十六条 房地产中介机构违规代理出租、转租公共租赁住房的，由有关部门按照规定予以处理。

第三十七条 国家机关工作人员在公共租赁住房租赁、运营、管理过程中滥用职权、玩忽职守、徇私舞弊、失职渎职的，依法追究责任。

第七章 附 则

第三十八条 本办法自发文之日起施行。

云南省人民政府关于进一步加强和改进最低生活保障工作的实施意见

（云政发〔2013〕42号　2013年3月20日）

各州、市人民政府，省直各委、办、厅、局：

为切实加强和改进我省最低生活保障工作，根据《国务院关于进一步加强和改进最低生活保障工作的意见》（国发〔2012〕45号）精神，结合我省实际，提出如下实施意见：

一、总体要求

以保障和改善民生为主题，以强化责任为主线，坚持保基本、可持续、重公正、求实效的方针和应保尽保、公平公正、动态管理、统筹兼顾的原则，进一步完善法规政策，健全工作机制，严格规范管理，努力构建标准科学、对象准确、待遇公正、进出有序的最低生活保障工作格局，不断提高最低生活保障制度的科学性和执行力，切实维护困难群众基本生活权益。

二、政策措施

（一）规范最低生活保障标准。各地要结合民政部等国家4部委

《关于进一步规范城乡居民最低生活保障标准制定和调整工作指导意见》精神，以州、市为单位制定本行政区域内相对统一的保障标准。最低生活保障标准要与经济社会发展水平相适应，健全低保标准动态调整机制、救助标准与物价上涨挂钩联动机制，逐步缩小城乡差距、区域差距。“十二五”期间，城乡最低生活保障标准和补助水平年均增长15%，最低生活保障标准应低于当地最低工资标准。

（二）规范低保对象认定条件。户籍状况、家庭收入和家庭财产是认定最低生活保障对象的3个基本条件。申请最低生活保障以家庭为单位，原则上向户籍所在地提出申请。家庭人均收入低于当地城乡最低生活保障标准，且家庭财产符合当地认定标准的，认定为最低生活保障家庭。各州、市要制定和公布享受最低生活保障待遇的具体条件，进一步完善最低生活保障对象认定标准体系。

（三）规范审核审批程序。

1. 申请程序。凡认为符合条件的城乡居民都有权直接向其户籍所在地的乡镇人民政府、街道办事处提出最低生活保障申请，乡镇人民政府、街道办事处无正当理由，不得拒绝受理。申请人也可向受乡镇人民政府、街道办事处委托的户籍所在地村、居民委员会提出申请，村、居民委员会负责收集有关申请资料，并代为提交申请。申请最低生活保障要以家庭为单位，申请人要提供本人签字确认的家庭户籍、收入和财产状况的书面声明资料，对提供信息的真实性负责。

2. 审核程序。乡镇人民政府、街道办事处是审核最低生活保障申请的责任主体，要逐一对最低生活保障申请家庭进行入户调查，村、居民委员会要指定专人协助开展调查工作。入户调查时，至少要有2名乡镇人民政府、街道办事处工作人员参加，调查人员应详细核查申请资料以及各项声明事项的真实性和完整性。调查结束后，调查人员及申请人应在入户调查表上签字确认。

3. 民主评议。入户调查结束后，乡镇人民政府、街道办事处要组织评议小组对申请人声明的家庭收入、财产状况以及入户调查结果的真实性进行评议。评议小组会议结果有效须同时具备以下条件：评议小组会议必须有乡镇人民政府、街道办事处工作人员参加，参会评议小组成员达到总人数 2/3 以上，评议结果必须有 2/3 以上参会人员同意。评议小组成员与申请人家庭有直系亲属关系的，应当回避。

4. 审批程序。县级民政部门是最低生活保障审批的责任主体，在作出审批决定前，应当全面审查乡镇人民政府、街道办事处上报的调查资料和审核意见（含民主评议结果），并按照不低于 30% 的比例入户抽查。有条件的地方，县级民政部门可邀请乡镇人民政府、街道办事处和村、居民委员会参与审批，促进审批过程公开透明。严禁不经调查直接将任何群体或个人纳入最低生活保障范围。

5. 公示程序。要严格执行最低生活保障审核审批公示制度。按照审核公示、审批公示、长期公示的程序对申请家庭的入户调查情况、民主评议和审核情况、审批结果进行公示。

审核公示：乡镇人民政府、街道办事处应在提出审核意见后 3 日内公示入户调查、民主评议和审核结果，公示期不少于 5 天。公示期满，乡镇人民政府、街道办事处应将审核意见连同申请资料、家庭经济状况调查、民主评议、公示情况等有关资料报县级民政部门审批。

审批公示：县级民政部门应当对拟批准的最低生活保障家庭进行公示。公示内容包括申请人姓名、家庭成员、收入情况、拟保障金额等，公示期不少于 7 天。公示期满无异议的，批准给予最低生活保障待遇，发放最低生活保障证，并从下月起发放最低生活保障金。对公示有异议的，县级民政部门应当重新组织调查核实，在 20 日内作出审批决定，并对拟批准的申请家庭重新公示。

长期公示：乡镇人民政府、街道办事处应当对最低生活保障对象的家庭成员、收入情况、保障金额等在其居住地长期公示；县级民政部门应当在当地政府网站长期公示，逐步完善面向公众的最低生活保障对象信息查询机制。

公示中应注意保护最低生活保障对象的个人隐私，严禁公开与享受最低生活保障待遇无关的信息。

6. 发放程序。原则上最低生活保障金实行社会化发放，按照财政国库管理制度将最低生活保障金直接支付到保障家庭账户。城乡低保金要按月发放，于每月 10 日前发放到户；个别金融服务不发达地方的农村低保金可以按季度发放，于每季度初 10 日前发放到户；城乡低保对象价格补贴、节日补贴等临时或一次性的生活补助资金，要按照有关要求及时足额发放到位。

（四）建立救助申请家庭经济状况核对机制。在强化入户调查、邻里访问、信函索证等调查手段基础上，加快建立跨部门、多层次、信息共享的救助申请家庭经济状况核对机制，健全完善工作机构和信息核对平台，确保最低生活保障等社会救助对象准确，认定程序高效、公正、规范。经救助申请人及其家庭成员授权，公安、人力资源社会保障、住房城乡建设、金融、保险、工商、税务、住房公积金等部门和机构，应当根据有关规定和最低生活保障等社会救助对象认定工作需要，及时向民政部门提供户籍、机动车、就业、保险、住房、存款、证券、个体工商户、纳税、公积金等方面的信息。省、州、市民政部门要会同有关部门，尽快制定跨部门信息核查核对和查询办法，全面建立申请低保救助家庭经济状况核对机制，并负责跨州、市和跨县、市、区的信息查询工作。2013 年底以前，全省 1/3 的县、市、区要建立救助申请家庭经济状况核对机制；到“十二五”末，全省基本建立救助申请家庭经济状况核对机制。

（五）加强最低生活保障对象动态管理。对已经纳入最低生活保障范围的救助对象，要采取多种方式加强管理服务，定期跟踪保障对象家庭变化情况，形成最低生活保障对象有进有出、补助水平有升有降的动态管理机制。各地要建立最低生活保障家庭人口、收入和财产状况定期报告制度，并根据报告情况分类、定期开展核查，将不再符合条件的对象及时退出保障范围。对无生活来源、无劳动能力又无法定赡养、扶养、抚养义务人的“三无人员”，可每年核查1次；对短期内收入变化不大的家庭，可每半年核查1次；对收入来源不固定、成员有劳动能力和劳动条件的最低生活保障家庭，原则上实行城市按月、农村按季度核查。

（六）健全最低生活保障工作监管机制。各级政府要将最低生活保障政策落实情况作为督查督办的重点内容，定期组织开展专项检查；民政、财政、审计、监察部门要定期开展对最低生活保障政策落实、资金管理使用情况的监督检查，防止挤占、挪用、套取等违纪违法现象发生。各县、市、区必须建立最低生活保障经办人员和村、居民委员会干部近亲属享受最低生活保障备案制度，县级民政部门要对备案的最低生活保障对象严格核查管理。充分发挥舆论监督的重要作用，对于媒体发现揭露的问题，应及时查处并公布处理结果。要通过政府购买服务等方式，鼓励社会组织参与、评估、监督最低生活保障工作，财政部门要通过完善有关政策给予支持。

（七）建立健全投诉举报核查制度。2013年6月底前，省、州、市、县、区要建立健全投诉举报核查制度，设置并公布举报投诉电话，畅通投诉举报渠道，健全完善投诉举报核查制度。要切实加强最低生活保障来信来访工作，建立首问负责、限时办结、复查复核等制度，做到有诉必问、有访必复。省、州、市民政部门对最低生活保障重大信访事项或社会影响恶劣的违规违纪事件，可会同信访等有关部门直接督办。

（八）加强最低生活保障与其他社会救助制度的有效衔接。加快推进低收入家庭认定工作，为医疗救助、教育救助、住房保障等救助政策向低收入家庭拓展提供支撑；全面建立临时救助制度，有效解决低收入群众的突发性、临时性基本生活困难；做好最低生活保障与养老、医疗等社会保险制度的衔接工作。对最低生活保障家庭中的老年人、未成年人、重度残疾人、重病患者等重点救助对象，要采取多种措施提高其救助水平。鼓励机关、企事业单位、社会组织和个人积极开展扶贫帮困活动，形成慈善事业与社会救助的有效衔接。

完善城市最低生活保障与就业联动、农村最低生活保障与扶贫开发衔接机制，鼓励积极就业，加大对有劳动能力最低生活保障对象的就业扶持力度。劳动年龄内、有劳动能力、失业的城市困难群众，在申请最低生活保障时，应当先到当地公共就业服务机构办理就业失业登记；公共就业服务机构对登记失业的最低生活保障对象，提供免费的就业服务和重点帮助；对实现就业的最低生活保障对象，在核算其家庭收入时，可以扣减必要的就业成本。

三、强化工作保障，确保各项政策措施落到实处

（一）加强组织领导。各级政府要将最低生活保障工作纳入重要议事日程，纳入经济社会发展总体规划，进一步完善政府领导、民政牵头、部门配合、社会参与的社会救助工作机制。建立由民政部门牵头的社会救助联席会议制度，统筹做好最低生活保障与社保、医疗、教育、住房城乡建设等其他社会保障和社会救助政策及促进就业政策的协调发展和有效衔接，研究解决救助申请家庭经济状况核对等信息共享问题，督导推进社会救助体系建设。

（二）加强能力建设。各级政府要统筹研究制定按照保障对象数

量等因素配备相应工作人员的具体办法和措施，结合实际科学整合现有的管理机构及人力资源，不断充实加强最低生活保障工作力量，确保工作有人做、责任有人担。要加强最低生活保障工作人员业务培训，保障工作场所、条件和待遇，不断提高最低生活保障管理服务水平。要进一步加强对申请家庭收入的核对工作，配备与本地工作实际相适应的工作人员。要切实加快推进最低生活保障信息系统建设，确保信息录入及时、完整，数据准确。

（三）加强经费保障。各级财政要优化和调整支出结构，切实加大最低生活保障资金投入，将城乡低保工作经费纳入财政预算，并综合城乡低保工作量等因素予以合理安排。最低生活保障补助资金要重点向保障任务重、财政困难的地区倾斜。基层城乡低保工作经费不足的地区，省、州、市财政给予适当补助。城乡低保工作经费不得从城乡低保资金中列支。

（四）加强政策宣传。各地要采取群众喜闻乐见方式，广泛宣传党和政府对最低生活保障工作的有关要求、最低生活保障政策规定，以及最低生活保障在保障民生、维护稳定、促进和谐等方面的重要作用，不断提高最低生活保障信息公开的针对性、时效性和完整性，引导公众关注、参与、理解、支持最低生活保障工作，营造良好的工作氛围。

（五）加强责任考核。最低生活保障工作实行各级政府负责制，政府主要领导对本行政区域最低生活保障工作负总责。县级以上政府要切实担负起最低生活保障具体政策制定、资金投入、工作保障和监督管理责任。县级民政部门要切实履行审批责任主体职责，严格规范管理，科学、准确、及时做好最低生活保障对象的认定审批工作。乡镇人民政府、街道办事处要切实履行最低生活保障申请受理、调查、评议和公示等审核职责，充分发挥包村干部的作用。将最低生活保障标准、补差水平、经费投入、机构建设、制度建设等最低生活保障政策落实情况纳入各级政府绩效考核，考核结果作为政府领导班子和有关领导干部综合考核评价的重要内容。省民政厅要会同省财政厅等部门研究建立我省最低生活保障工作绩效评价指标体系和评价办法，并组织开展对各州、市最低生活保障工作的年度绩效评价。

（六）强化责任追究。对重视不够、管理不力、发生重大问题、造成严重社会影响的政府和部门负责人，以及在最低生活保障审核审批过程中滥用职权、玩忽职守、徇私舞弊、失职渎职的工作人员，要依纪依法追究责任。要加大对骗取最低生活保障待遇人员查处力度，除追回骗取的最低生活保障金外，还要依法给予行政处罚；对涉嫌犯罪的，移送司法机关处理。对无理取闹、采用威胁手段强行索要最低生活保障待遇的，公安机关要给予批评教育直至依法采取有关处罚措施。对出具虚假证明资料的单位和个人，各地要严格按照有关法律法规予以处理，并将有关信息记入征信系统。

云南省人民政府关于印发《云南省社会救助实施办法》的通知

（云政发〔2014〕65号　2014年12月4日）

各州、市、县、区人民政府，滇中产业新区管委会，省直各委、办、厅、局：

现将《云南省社会救助实施办法》及其重点任务分工印发给你们，请认真贯彻执行。

云南省社会救助实施办法

第一章　总　则

第一条　为加强社会救助，保障公民的基本生活，促进社会公平，维护社会和谐稳定，根据国务院《社会救助暂行办法》，结合我省实际，制定本办法。

第二条　省民政部门统筹全省社会救助体系建设，县级以上民政部门负责社会救助的综合管理。卫生计生、教育、住房城乡建设、人力资源社会保障等部门，按照各自职责负责本行政区域内相应的社会救助管理工作。

前款所列行政部门统称社会救助管理部门。

第三条　乡镇人民政府、街道办事处应设立社会救助经办机构，落实经办人员，在便民服务场所设置社会救助受理窗口，建立多部门合作办理机制，具体负责有关社会救助的申请受理、调查审核。

村民委员会、居民委员会协助做好本区域的有关社会救助工作。

第四条 县级以上政府应当将社会救助纳入国民经济和社会发展规划，同时应视发展需要适时组织编制社会救助相关专项规划。建立健全政府领导、民政部门牵头、有关部门配合、社会力量参与的社会救助工作协调机制，完善社会救助资金保障机制，落实社会救助工作机构及人员编制。

第五条 政府安排的社会救助资金和社会救助工作经费纳入州、市、县、区财政预算。省级财政根据各地财政状况、社会救助资金支出情况和工作绩效评估情况等给予适当补助。

社会救助资金实行专项管理，分账核算，专款专用，任何单位或者个人不得挤占挪用。

社会救助资金的支付，按照财政国库管理的有关规定执行。

第六条 对在社会救助工作中作出显著成绩的单位、个人，按照国家有关规定给予表彰、奖励。

第二章 最低生活保障

第七条 对共同生活的家庭成员人均收入低于当地最低生活保障标准，且家庭财产状况符合县级以上政府规定的家庭，给予最低生活保障。

第八条 最低生活保障标准，由省人民政府按照全省居民生活必需的费用确定、公布，并根据经济社会发展水平和物价变动情况适时调整。州、市人民政府可按照不低于省人民政府公布的最低生活保障标准，结合本地实际，另行确定、公布。城市居民最低生活保障标准按照不低于上一年全省城镇居民人均消费性支出的25%确定，农村居民最低生活保障标准按照不低于上一年全省农村居民人均生活消费支出的35%确定。最低生活保障家庭收入状况、财产状况的认定办法，由各州、市人民政府研究制定。

第九条 申请最低生活保障，按照下列程序办理：

（一）由共同生活的家庭成员向户籍所在地的乡镇人民政府或街道办事处提出书面申请；家庭成员申请有困难的，可以委托村（居）民委员会代为提出申请；

（二）乡镇人民政府、街道办事处应当在接到最低生活保障申请之日起20个工作日内通过入户调查、邻里访问、信函索证、群众评议、信息核查等方式，对申请人的家庭收入状况、财产状况进行调查核实，并经民主评议后提出初审意见。初审结果在申请人所在村（社区）公示7天无异议后报县级民政部门审批；

（三）县级民政部门应在收到初审意见和有关材料之日起7个工作日内提出审批意见。对符合条件的，在申请人所在村（社区）公示7天无异议后给予批准；对公示有异议的，乡镇人民政府或街道办事处应在10个工作日内重新组织核实上报，由县级民政部门在10个工作日内作出审批决定，并对拟批准的申请重新公示7天；对不符合条件的，应在作出不予批准决定5个工作日内书面向申请人说明理由。

第十条 对批准获得最低生活保障的家庭，县级民政部门按照保障标准的差额或分类发放最低生活保障金。

最低生活保障金应按月实行社会化发放，无金融服务网点的乡镇，农村低保金可以按季度发放，于每季度初10日前发放到户。

对获得最低生活保障后生活仍有困难的老年人、未成年人、重度残疾人和重病患者，可在给予最高档次补助金额的基础上，再统筹考虑采取高龄补贴、孤儿救助、临时救助等必要措施增强生活保障。

第十一条 最低生活保障家庭的人口、收入、财产状况发生变化的，应当及时告知乡镇人民政府或街道办事处。

县级民政部门以及乡镇人民政府、街道办事处应当对获得最低生活保障家庭的人口、收入、财产状况定期进行核查。

最低生活保障家庭的人口、收入、财产状况发生变化的，县级民政部门应当及时决定增发、减发或者停发最低生活保障金；决定停发最低生活保障金的，应当书面说明理由。

第三章　特困人员供养

第十二条　对无劳动能力、无生活来源且无法定赡养、抚养、扶养义务人，或者其法定赡养、抚养、扶养义务人无赡养、抚养、扶养能力的老年人、残疾人以及未满 16 周岁的未成年人，给予特困人员供养。

第十三条　特困人员供养的内容包括：

（一）提供基本生活条件；

（二）对生活不能自理的给予照料；

（三）提供疾病治疗；

（四）办理丧葬事宜。

特困人员供养标准，由省人民政府确定、公布，州、市人民政府也可按照不低于省人民政府公布的供养标准，结合本地实际，另行确定、公布。特困人员供养标准不得低于当地城市最低生活保障标准。

省财政加大对各地一般性转移支付力度，州、市、县、区人民政府和滇中产业新区管委会要将特困人员供养所需资金纳入同级财政预算安排。

第十四条　申请特困人员供养，由本人向户籍所在地的乡镇人民政府或街道办事处提出书面申请；本人申请有困难的，可以委托村（居）民委员会代为申请。

特困人员供养的审批程序适用本办法第九条规定。

第十五条 特困人员供养实行年度动态管理，符合条件的要全部纳入供养范围。特困供养人员不再符合供养条件的，村（居）民委员会或供养服务机构应当主动告知乡镇人民政府或街道办事处，由乡镇人民政府、街道办事处审核并报县级民政部门核准后，终止供养并予以公示。

第十六条 特困供养人员可以在当地的供养服务机构集中供养，也可以分散供养。特困供养人员可以自行选择供养形式。

有条件的供养服务机构，应当主动为智力残疾或者生活不能自理的特困供养对象提供供养服务，接收患有精神病、传染病特困供养对象的供养服务机构应当具备相应的治疗护理能力。

第十七条 0—18 岁失去父母、查找不到生父母的孤儿和父母因重残、重病、失踪、服刑等无法履行监护职责的事实无人抚养儿童以及艾滋病病毒感染儿童，纳入特困儿童基本生活保障范围。

第十八条 特困儿童基本生活保障费由各级民政部门会同财政部门根据城乡生活水平、儿童、青年成长需要和财力状况，按照不低于当地平均生活水平的原则，合理确定最低养育标准。具体标准可参照民政部关于孤儿最低养育标准的指导意见确定。养育标准包含伙食费、服装被褥费、日常用品费、教育费、基本医疗费和康复费，不包含儿童大病医疗救助费、寄养家庭劳务费等。

申请特困儿童基本生活费按照下列程序办理：

（一）由监护人向特困儿童户籍所在地乡镇人民政府或街道办事处提出书面申请。乡镇人民政府、街道办事处应在20 个工作日内，对申请人情况进行认真核实，符合认定条件的，由所在地村（居）民委员会签署审核意见、乡镇人民政府或街道办事处签署审查意见，并按照有关要求报县级民政部门审批；

（二）县级民政部门应在收到初审意见和有关材料后 10 个工作日

内作出审批决定，并将审批结果函告乡镇人民政府或街道办事处，由县级财政部门将基本生活费直接拨付到个人账户或福利机构账户。

第四章 受灾人员救助

第十九条 建立健全自然灾害救助制度，对基本生活受到自然灾害严重影响的人员，提供生活救助。自然灾害生活救助项目主要包括：灾害应急救助、过渡期生活救助、倒损住房恢复重建补助、冬春临时生活困难救助等。

第二十条 自然灾害救助实行属地管理、分级负责、行政领导负责制。

第二十一条 省级自然灾害生活救助项目补助标准，在参考国家救助标准的基础上，结合我省实际，由省民政部门会同有关部门制定，报省人民政府批准后执行。州、市、县、区自然灾害生活救助项目补助标准由同级民政部门会同有关部门参考国家和省级救助标准，结合本地社会经济发展水平制定，并报同级政府批准后执行。

第二十二条 自然灾害发生后，县级以上政府或者其自然灾害救助应急综合协调机构应当对受灾人员实施转移及救助，并协调有关部门落实对受灾地区的救助政策和支持措施。灾情稳定后，县级以上政府或者其自然灾害救助应急综合协调机构应当协调有关部门及专家核查和评估灾情，分析灾区对过渡期受灾人员的安置能力，制定救助方案，对住房损毁严重的受灾人员开展过渡性安置。

自然灾害危险消除后，县级以上政府或者其自然灾害救助应急综合协调机构应当组织有关部门制定倒损民房恢复重建规划，对经过申请（提名）、评议、公示、提交、审核、审批程序确定的因灾倒损住房恢复重建补助对象，落实重建优惠政策，安排重建补助资金。

第二十三条 受灾地区县级民政部门应当在每年10月15日前，

评估、统计、上报本行政区域内受灾人员当年冬季和次年春季口粮、饮水、衣被、取暖、医疗等基本生活困难和救助需求，制定专项救助工作方案，经同级政府批准后组织实施，并报上一级民政部门备案。

第五章　医疗救助

第二十四条　下列人员可以申请医疗救助：

（一）最低生活保障人员；

（二）特困供养人员；

（三）家庭困难的一、二级重度残疾人；

（四）县级以上政府规定的其他特殊困难人员。

第二十五条　医疗救助采取以下方式：

（一）对最低生活保障人员及特困供养人员参加城镇居民基本医疗保险、新型农村合作医疗的个人缴费部分给予补贴；

（二）对医疗救助对象经基本医疗保险、大病保险和其他补充保险支付后，个人及其家庭难以承担的符合规定的医疗费用，给予补助；

（三）城市和农村实行统一的重特大疾病医疗救助政策，优先对医疗费用高、社会影响大的病种实施救助，对未纳入救助病种范围但医疗费用较高、个人负担较重的疾病，应当予以实施重特大疾病医疗救助。

第二十六条　医疗救助标准由县级以上政府按照当地经济社会发展水平和医疗救助资金情况确定、公布。对患重特大疾病医疗费用支出较大的，应提高医疗救助最高封顶线。

第二十七条　申请医疗救助，应当向本人户籍所在地的乡镇人民政府或街道办事处提出书面申请，经乡镇人民政府或街道办事处审核、公示后，报县级民政部门审批，最低生活保障家庭成员和特困供养人员等救助对象，在本人所在行政区域内指定的医疗机构可以凭有关证件或者证明材料直接给予医疗救助。

第二十八条 县级以上民政、卫生计生、人力资源社会保障等部门应当建立健全医疗救助与基本医疗保险和大病保险相衔接的“一站式”即时结算服务，以定点医疗机构作为结算和管理单位，通过信息化管理，为医疗救助对象提供及时便捷服务。

第二十九条 各州、市人民政府和滇中产业新区管委会应当按照国家有关规定建立疾病应急救助基金，对需要急救但身份不明或者无力支付急救费用的急重危伤病患者给予疾病应急救助。申请程序和基金管理使用按照《云南省疾病应急救助制度管理实施细则》和《云南省疾病应急救助基金管理暂行办法》的规定执行。

第六章 教育救助

第三十条 教育救助对象为在校学前教育、义务教育、高中阶段教育、普通高等教育学校（幼儿园）全日制就读的最低生活保障家庭成员、特困供养人员，以及不能入学接受义务教育的残疾、智障儿童。

第三十一条 教育救助的目的是根据不同教育阶段需求，采取减免相关费用、发放助学金、给予生活补助、安排勤工助学等方式，保障教育救助对象的基本学习、生活需求。

第三十二条 继续做好我省现有的学前教育家庭经济困难儿童资助、农村义务教育学生营养改善、义务教育阶段“两免一补”、普通高中国家助学金、中职学生资助政策、普通高等学校学生资助工作，做好各教育阶段各项资助的协调工作。

第三十三条 教育救助标准，由省级人民政府按照全省居民生活必需的费用和学生基本学习条件进行确定，每年向社会公布，并根据经济社会发展水平和物价变动情况适时调整。

第三十四条 教育救助申领程序。每年 10 月 30 日前，申请救助学生根据本办法规定条件，向学校提出申请，学校审核后按照规定报相应的社会救助经办机构，由经办机构负责审定，并向社会公示。

公示 7 天无异议后，社会救助经办机构将救助金拨付学校，由学校负责核发。学校应按照规定的时间将教育救助金发放到受助学生或法定监护人手中。

第三十五条 建立教育救助备案制度。学校每年要将经社会救助经办机构审定的教育救助学生名单及救助金额存档，同时上报属地教育行政主管的学生资助部门备案。

第三十六条 学校要建立教育救助的退出机制。学校不仅要及时发现需要教育救助的学生，同时，也要及时了解和发现因家庭生活条件好转，已经不符合教育救助对象的学生，及时配合社会救助经办机构对其做好教育救助的退出工作。

第七章 住房救助

第三十七条 对符合住房困难标准的最低生活保障家庭、分散供养的特困人员，给予住房救助。住房困难标准和救助标准，由县级以上政府根据本地经济社会发展水平、住房价格水平等因素确定、公布。实行农村危房改造或提取住房公积金支付租金的住房救助，要符合农村危房改造和住房公积金提取的有关政策规定。

第三十八条 对符合规定标准的住房救助对象，按照以下方式进行住房救助：

（一）配租公共租赁住房救助。通过实物配租方式申请公共租赁住房的应优先予以安排，租金标准根据收入状况分级核定。符合原廉租住房保障条件的救助对象，租金按照廉租住房标准执行；

（二）发放租赁住房补贴救助。对符合廉租住房保障租赁补贴发放条件的住房困难家庭，可按照规定申请发放廉租住房补贴救助；

（三）提取住房公积金救助。住房救助对象房租费超出家庭工资收入规定比例的，救助对象可以申请提取住房公积金用于缴纳房租费；

（四）适当减免租金救助。生活特别困难的住房救助对象，可以向民政部门提出减免租金的申请，经民政部门审核，报当地政府批准，住房城乡建设部门可根据救助对象困难程度适当减免租金；

（五）农村危房改造救助。居住在危房中的农村住房救助对象，需要进行农村危房改造救助的，应按照农村危房改造的有关程序申请危房改造。

第三十九条 住房救助申请审核流程。对符合规定标准的住房救助对象，根据不同的救助方式，按以下流程进行申请审核：

（一）保障性住房救助审核（含公共租赁住房实物配租和租赁补贴发放）。救助对象向乡镇人民政府或街道办事处提出书面申请，乡镇人民政府、街道办事处派员或委托村（居）民委会审核，县级住房保障部门会同民政部门审批并公示后，对符合条件的申请人优先安排保障；

（二）住房公积金提取的审核。对房租超出家庭工资收入规定比例的可以按照以下规定进行申请提取职工住房公积金账户内的存储余额；

1. 提取人条件。职工家庭租房居住，家庭月平均收入低于本市上一年度城镇职工月平均工资标准，并且房租超出家庭收入一定比例的，具体比例由各州、市住房公积金管理委员会确定。

2. 应提供的审核材料。按各州、市住房公积金管理中心要求提供的材料申报。

3. 提取额度。可以提取住房公积金用于支付租房建筑面积不超过60平方米的租金，提取金额不超过缴存职工的年缴存额。

4. 提取方式。转账提取：提取人租住个人出租的住房，转账至提取人在缴存银行开立的个人储蓄账户，提取人租住公共租赁住房，转账至公租房公司。

5. 提取次数。每年提取一次。

6. 办理流程。具体办理流程由各州、市住房公积金管理中心确定并向社会公布。

（三）农村危房改造的审核。实行农户自愿申请、村民会议或村民代表会议民主评议、乡镇审核、县级审批程序，并进行公示。在同等条件下，优先安排解决住房救助家庭。

第八章　就业救助

第四十条　最低生活保障家庭、零就业家庭的失业人员和其他就业困难人员是就业帮扶和援助的重点对象，应给予就业救助。

第四十一条　对申请就业救助的人员提供就业创业帮扶。

对到公共就业服务机构申请就业救助的人员进行失业登记，免费发放《就业失业登记》。持《就业失业登记》人员可在公共就业服务机构免费享受政策咨询、职业指导、职业介绍和提供就业援助等服务，符合规定的可享受社会保险补贴、岗位补贴或安置到公益性岗位工作等就业援助扶持政策。

开展职业技能培训和创业培训，提高其就业创业能力。落实好“贷免扶补”“小额担保贷款”等创业扶持政策，为救助人员提供创业扶持。

第四十二条　对最低生活保障家庭中有劳动能力的成员均处于失业状态的，要通过企业吸纳就业、灵活就业、公益性岗位安置就业的方式，帮助其就业，确保零就业家庭至少 1 人实现就业。

第四十三条 最低生活保障家庭中有劳动能力且有就业意愿的失业人员，连续 3 次拒绝接受公共就业服务机构介绍的与其健康状况、劳动能力等相适应的工作，人力资源社会保障等有关部门应及时向同级民政部门通报情况。

第四十四条 做好基本养老保险、基本医疗保险、城乡居民大病医疗保险、工伤保险和失业保险等社会保险与社会救助制度的衔接，使符合政策的就业救助人员及时享受各项社会保险政策扶持。

第九章 临时救助

第四十五条 临时救助对象范围：

（一）因火灾、溺水等意外事件，导致基本生活暂时出现严重困难的家庭或个人；

（二）因发生重大交通事故在案件终结后，造成当事人及其家庭基本生活暂时出现严重困难的；

（三）因家庭成员突发重特大疾病，连续 3 个月支出的月均重特大疾病医药费自付费用达家庭人均月收入的 3 倍及其以上，导致基本生活暂时出现严重困难的家庭或个人；

（四）因基本生活费、基本医药费和子女基本教育费等生活必需支出突然增加，月人均生活必需支出连续 3 个月达家庭人均月收入的 3 倍及其以上，导致基本生活暂时出现困难的最低生活保障家庭和低收入家庭或个人；

（五）县级以上政府规定的遭遇其他特殊困难的家庭或个人。

县级以上政府应根据当地实际，制定具体的临时救助对象认定办法。

第四十六条 临时救助的申请和受理：

（一）申请临时救助一般应以家庭或自然人向乡镇人民政府或街道办事处提出书面申请（附带有关证明材料），也可委托村（居）民委员会代为提出申请。对持有居住证或在当地有合法稳定住所、居住1年以上的，由所在地乡镇人民政府或街道办事处受理和审核、公示，并报县级民政部门审批。上述情形之外的，由乡镇人民政府、街道办事处或上述规定中的具备申请条件的对象向县级民政救助机构申请救助；

（二）情况紧急、需立即采取措施以防止造成无法挽回的损失或无法改变的严重后果的，应先行救助，再按照规定补办有关手续；

（三）乡镇人民政府、街道办事处、村（居）民委员会应主动了解、掌握、核实行政区域内村（居）民遭遇突发事件、意外事故、罹患重病等特殊情况，建立主动发现、主动受理、及时救助机制，发现符合临时救助条件的，应该主动帮其提出申请。

第四十七条 临时救助的方式和标准：

（一）临时救助以家庭或自然人为单位，1个家庭或自然人每年接受临时救助的次数一般不超过2次，原则上为一事一救，不得以同一事由反复申请，避免临时救助长期化、固定化；

（二）临时救助标准，一次性救助一般不高于当地城乡居民最低生活保障年标准3倍的救助金，特别困难的，可适当提高救助标准，但1年内累计临时救助金额一般不高于当地城乡居民最低生活保障年标准的6倍；

（三）临时救助金原则上实行社会化发放，特殊情况且金额较小时可采取现金发放；

（四）对符合条件的救助对象，可视实际情况发放临时救助金和等价实物，对给予临时救助金和实物后仍不能解决其困难的，应根据情况提供转介服务。对符合最低生活保障或医疗、教育、住房、就业等专项救助条件的，应协助其申请，对需要公益慈善组织、社会工作服务机构通过慈善项目、发动社会募捐、提供专业服务、志愿服务形式给予帮扶的，应及时转介；

（五）临时救助的具体事项、标准，由县级以上人民政府根据当地经济社会发展水平及困难类型和救助内容具体确定、公布，并适时调整。

第四十八条 乡镇人民政府、街道办事处或县级民政部门、救助管理机构对因务工不着、寻亲不遇、被偷被骗、遭受家庭暴力或因年老、年幼、急病等原因处于自身无力解决食宿、无亲友投靠的生活无着状态，并自愿求助的流浪、乞讨人员提供临时食宿、急病救治、协助返回等救助。原则上不向流浪、乞讨人员提供现金救助。

对无家可归或无法查明个人情况的救助对象，县级民政部门、救助管理机构应当以多种方式向社会发布寻亲公告。有疑似走失、被遗弃或被拐卖情形的，县级民政部门、救助管理机构应当及时向公安机关报案、查找。对个人信息确实无法查明、公告寻亲无果或无认知、表达能力，且无法联系亲属、住址的救助对象，可由流入地民政部门妥善安置。对已查明具体信息的救助对象，县级民政部门、救助管理机构应当接送返回。

乡镇人民政府、街道办事处要指导村（居）民委员会加强对好逸恶劳的流浪、乞讨人员进行帮教引导，对不履行监护、赡养义务的家庭成员进行法制教育；对不听劝诫，拒不履行监护、赡养义务的，可告知公安机关等部门依法追究其法律责任。

救助管理机构可根据受助人员真实意愿和自身条件，提供心理健康辅导、职业教育、就业帮扶等拓展性救助服务。

第四十九条 公安、城管和其他有关行政机关工作人员在执行公务时发现流浪、乞讨人员的，应当告知其救助政策、救助管理机构地址、求助方式等，为其求助提供方便。对其中的残疾人、未成年人、老年人和行动不便的其他人员，应当引导、护送到救助管理机构；对突发急病人员，应当立即送往或通知急救机构进行救治；对危重伤病、疑似传染病、精神障碍病等求助的流浪、乞讨人员，应当先行送往定点医院诊治，待病情稳定后，流入地乡镇人民政府、街道办事处、民政部门、救助管理机构再行甄别救助。

公安机关应当协助乡镇人民政府、街道办事处、民政部门、救助管理机构做好求助、受助对象信息查实等工作。

卫生计生行政部门应当指导医疗机构做好流浪、乞讨人员救治工作。

第十章 社会力量参与

第五十条 工会、共青团、妇联、残联等人民团体和红十字会、慈善总会等社会组织应当根据各自职能大力开展社会帮扶活动，积极为社会救助对象提供物质帮助、精神慰藉和心理疏导等服务。

法律援助机构应当依据有关规定参与社会救助。

第五十一条 鼓励单位、社会组织、企业和个人等社会力量通过主办、承办、协办、冠名、合作、捐赠、设立帮扶项目、创办服务机构、提供志愿服务等方式，参与社会救助。

社会力量参与社会救助，按照国家和省有关规定享受财政补贴、税收优惠、费用减免等政策。

第五十二条 县级以上政府可以将社会救助中的部分服务项目通过委托、承包、采购、聘用等方式，向社会力量购买服务。

县级以上政府应当制定并公布社会救助政府购买服务项目目录，建立社会救助项目社会化运作的评估、考核、竞争、退出机制。

第五十三条 社会救助管理部门及有关机构应当建立社会力量参

与社会救助的机制和渠道，提供社会救助项目、需求信息，为社会力量参与社会救助搭建平台、提供便利。

第五十四条 县级以上政府应积极培育和发展能够参与社会救助工作、提供社会救助服务的公益慈善类、社会服务类社会组织。

第十一章 监督管理

第五十五条 申请或者已获得社会救助的家庭，应当按照规定如实申报家庭收入状况、财产状况。县级以上民政部门应当明确相应机构，具体负责申请或者已获得社会救助家庭的经济状况核对工作。

社会救助申请家庭经济状况认定范围和测算标准由省民政部门会同有关部门制定。

第五十六条 县级以上民政部门根据申请或者已获得社会救助家庭的请求、委托，可以查询、核对其家庭收入状况、财产状况。户籍管理、税务、社会保险、不动产登记、工商登记、住房公积金管理、车船管理等单位和银行、保险、证券等金融机构应当按照有关规定协助提供救助家庭有关信息。

县级以上民政部门应当建立申请和已获得社会救助家庭经济状况信息核对平台，为审核认定社会救助对象提供依据。

第五十七条 申请人难以确定社会救助管理部门的，可以先向社会救助经办机构或者县级民政部门求助。社会救助经办机构或者县级民政部门接到求助后，应当在10个工作日内进行办理或者转交其他社会救助管理部门办理。

第五十八条 县级以上政府应当按照国家统一规划建立跨部门、多层次、分类别的社会救助管理信息系统，实现信息互联互通，资源共享。社会救助管理部门应当加强协作配合，及时更新数据，提高审批效率，优化救助资源配置。

第五十九条 社会救助管理部门应当建立社会救助对象动态管理和退出机制。已获得社会救助家庭其人口、收入、财产状况发生变化的应当及时向社会救助管理部门进行报备；根据调查核实情况，社会救助管理部门应当及时增加或者减少相应的救助项目；不再符合救助条件的，应当及时停止救助。决定停止救助的，由有关社会救助管理部门在决定生效后的10个工作日内给予当事人书面说明。

申请或者已获得社会救助的家庭或者人员，对社会救助管理部门作出的具体行政行为不服的，可以依法申请行政复议或者提起行政诉讼。

第六十条 社会救助资金原则上应当通过金融机构实行社会化发放；定期发放的，从批准的次月起按月计发。

第六十一条 乡镇人民政府、街道办事处应当根据社会救助对象的具体情况，组织人员定期入户调查，进行关怀访问，开展救助活动。

第六十二条 县级人民政府及其社会救助管理部门应当按照政务信息公开的规定，及时公开社会救助资金、物资的管理和使用等情况，接受社会监督。

县级以上财政、审计部门依法对社会救助资金、物资的筹集、分配、管理和使用实施监督。

第六十三条 社会救助管理部门应当建立举报投诉制度，明确受理机构，公开举报和投诉电话、电子信箱等联系方式，受理有关社会救助工作的举报和投诉。

乡镇人民政府、街道办事处应当设立社会救助公开举报箱，公布举报电话，接受社会监督。凡举报查实不符合社会救助条件的，应及时通报有关救助职能部门按照有关规定取消相应救助。

第六十四条 履行社会救助职责的工作人员行使职权，应当接受社会监督。任何单位、个人有权对履行社会救助职责的工作人员在社会救助工作中的违法行为进行举报、投诉。受理举报、投诉的机关应当在收到举报或投诉之日起15个工作日内予以核实、处理。

第六十五条 履行社会救助职责的工作机构和工作人员对在社会救助工作中知悉的公民个人信息，除按照规定应当公示的信息外，应当予以保密，不得非法向与社会救助工作无关的任何组织或者个人提供或泄露。

第十二章 附 则

第六十六条 各州、市、县、区人民政府和滇中产业新区管委会应结合本地实际，制定本行政区域（托管区）内的社会救助实施细则或实施方案。

第六十七条 本办法自2015年1月1日起施行。

云南省人民政府关于全面建立临时救助制度的实施意见

（云政发〔2015〕52 号　2015 年 7 月 18 日）

各州、市、县、区人民政府，滇中产业新区管委会，省直各委、办、厅、局：

为全面建立完善临时救助制度，健全社会救助体系，根据《国务院关于全面建立临时救助制度的通知》（国发〔2014〕47 号）精神，结合我省实际，现提出以下意见：

一、充分认识全面建立临时救助制度的重要意义

临时救助是政府对遭遇突发事件、意外伤害、重大疾病或其他特殊原因导致基本生活陷入困境，其他社会救助制度暂时无法覆盖或救助之后基本生活暂时仍有严重困难的家庭或个人给予的应急性、过渡性的救助。建立实施临时救助制度，是贯彻落实《社会救助暂行办法》（国务院令第 649 号）、《国务院关于全面建立临时救助制度的通知》（国发〔2014〕47 号）和《云南省人民政府关于印发云南省社会救助实施办法的通知》（云政发〔2014〕65 号）的实际举措；是保障和改善民生、促进社会公平正义的客观需要；是填补社会救助体系空白，提升社会救助综合效益，确保社会救助安全网网底不破的必然要

求。各地要从全面深化改革、全面建成小康社会的高度出发，进一步增强使命感和责任感，加大政策落实力度，全面建立临时救助制度，扎实推进全省社会救助体系建设。

二、建立临时救助制度的目标任务和工作原则

（一）目标任务。

2015 年 9 月底前，全省全面建立临时救助制度，对突发性、紧迫性、临时性基本生活困难的城乡居民家庭或者个人，给予非定期、非定量的临时救助，切实保障困难群众基本生活权益。

（二）工作原则。

临时救助工作坚持应救尽救，确保有困难的群众都能求助有门，并按照规定得到及时救助；坚持适度救助，着眼于解决基本生活困难、摆脱临时困境，既要尽力而为，又要量力而行；坚持公开公正，做到政策公开、过程透明、结果公正；坚持制度衔接，加强各项救助、保障制度的衔接配合，形成整体合力；坚持资源统筹，政府救助、社会帮扶、家庭自救有机结合。

三、临时救助制度的主要内容

（一）对象范围。

临时救助对象主要包括以下几类：

1. 因火灾、溺水等意外事件，导致基本生活暂时出现严重困难的家庭或个人；

2. 因发生重大交通事故在案件终结后，造成当事人及其家庭基本生活暂时出现严重困难的；

3. 因家庭成员突发重特大疾病，连续3个月月均支出的重特大疾病医药费自付费用达家庭人均月收入的3倍及以上，导致基本生活暂时出现严重困难的家庭或个人；

4. 因基本生活费、基本医药费和子女基本教育费等生活必需支出突然增加，月人均生活必需支出连续3个月达家庭人均月收入的3倍及以上，导致基本生活暂时出现困难的最低生活保障家庭和低收入家庭或个人；

5. 符合县级以上政府有关规定的其他特殊困难家庭或个人。

因自然灾害、事故灾难、公共卫生、社会安全等突发公共事件，需要开展紧急转移安置和基本生活救助，以及属于疾病应急救助范围的，按照有关规定执行。

各州、市人民政府（滇中产业新区管委会）应当根据当地实际，制定具体的临时救助对象认定办法。

（二）申请受理。

1. 依申请受理。申请临时救助一般应以家庭或个人为单位提出，应当向所在地乡镇人民政府（街道办事处）提出书面申请，也可委托村（居）民委员会代为提出申请。对于具有居住证或在当地有合法稳定住所、居住1年以上的，由当地乡镇人民政府（街道办事处）受理和审核、公示，并报县级民政部门审批。上述情形之外的，由乡镇人民政府（街道办事处）或上述规定中的具备申请条件的对象直接向县级政府设立的救助管理机构（即救助管理站、未成年人救助保护中心等）申请救助。当地县级政府没有设立救助管理机构的，乡镇人民政府（街道办事处）应当协助其向县级民政部门申请救助。申请临时救助，应按照规定提交有关证明材料，无正当理由，乡镇人民政府（街道办事处）不得拒绝受理；因情况紧急无法在申请时提供有关证明材料的，乡镇人民政府（街道办事处）可先行受理，后补充完善有关证明材料。

2. 主动发现受理。乡镇人民政府（街道办事处）、村（居）民委员会应主动了解、掌握、核实行政区域内居民遭遇突发事件、意外事故、罹患重病等特殊情况，主动帮助有困难的家庭或个人提出救助申请。公安、城管等部门在执法中发现身处困境的未成年人、精神病人等无民事行为能力人或限制民事行为能力人，以及失去主动求助能力的危重病人等，应主动采取必要措施，帮助其脱离困境。乡镇人民政府（街道办事处）或县级民政部门、救助管理机构在发现或接到有关部门、社会组织、公民个人报告救助线索后，应主动核查情况，对于其中符合临时救助条件的，应协助其申请救助并受理。

（三）审核审批。

根据急难程度，审批临时救助可采取一般程序和紧急程序 2 种方式：

1. 一般程序。

（1）审核。乡镇人民政府（街道办事处）应自收到困难家庭或个人书面申请的 10 个工作日内，在村（居）民委员会协助下，通过入户调查、走访邻里等方式，对临时救助申请人的家庭经济状况、人口状况、遭遇困难类型等进行逐一调查核实，视情况组织民主评议，提出审核意见，并在申请人所居住的村（居）民委员会张榜公示后，报县级民政部门审批。

（2）审批。县级民政部门收到乡镇人民政府（街道办事处）提交的调查材料和审核意见后，应在 10 个工作日内，对调查材料和审核意见进行全面审查，作出审批决定并张榜公示。对符合条件的，应及时予以批准；不符合条件的不予批准，并书面向申请人说明理由。原则上，申请人以同一事由重复申请临时救助，无正当理由的，不予救助。对于不持有当地居住证的非本地户籍人员，县级民政部门、救助管理机构可按照生活无着人员救助管理的有关规定审核审批，提供救助。

（3）审批权限。县级民政部门可委托乡镇人民政府（街道办事处）审批救助金额1000元（含）以下的临时救助事项。审批结束后，乡镇人民政府（街道办事处）须将审批事项的全部资料原件报县级民政部门存档。乡镇人民政府（街道办事处）应复印资料留存备查。

2. 紧急程序。

对于情况紧急、需立即采取措施以防止造成无法挽回的损失或无法改变的严重后果的，乡镇人民政府（街道办事处）、县级民政部门应先行救助。紧急情况解除之后，应按照规定补齐审核审批手续。

（四）临时救助的标准和方式。

1. 临时救助以家庭或个人为单位，一个家庭或个人每年接受临时救助的次数一般不超过2次，原则上为一事一救，不得以同一事由反复进行申请，避免临时救助长期化、固定化。

2. 对符合条件的救助对象，可视实际情况采取发放临时救助金或者等价实物等方式予以救助。一次性临时救助金一般不高于当地城乡居民最低生活保障年标准的3倍。特别困难的，可适当提高临时救助标准，但1年内累计临时救助金额一般不高于当地城乡居民最低生活保障年标准的6倍。家庭成员因身患重特大疾病导致家庭生活特别困难的，或无力支付重特大疾病医疗费用的特别困难家庭或个人，可再提高临时救助标准。

3. 临时救助资金原则上实行社会化发放，特殊情况且金额较小时可采取现金发放。采取实物发放的，除紧急情况外，要严格按照政府采购制度的有关规定执行。

4. 对给予临时救助金、实物救助后仍不能解决其困难的，应分情况提供转介服务。对符合最低生活保障或医疗、教育、住房、就业等专项救助条件的，应协助其申请；对需要公益慈善组织、社会工作服务机构通过慈善项目、发动社会募捐、提供专业服务、志愿服务形式给予帮扶的，应及时转介。

5. 乡镇人民政府（街道办事处）或县级民政部门、救助管理机构对因务工不着、寻亲不遇、被偷被骗、遭受家庭暴力或因年老、年幼、急病等原因处于自身无力解决食宿、无亲友投靠的“生活无着”状态，并自愿求助的流浪、乞讨人员提供临时食宿、急病救治、协助返回等救助。原则上不向流浪、乞讨人员提供现金救助。

6. 各地临时救助的具体标准、方式等事项，由各州、市人民政府（滇中产业新区管委会）根据当地经济社会发展水平和救助对象困难类型、困难程度，以及其他社会救助制度保障水平，合理确定、公布，并适时调整。

四、健全完善临时救助工作机制

（一）建立健全“一门受理、协同办理”机制。

各地要建立健全“一门受理、协同办理”机制，县级民政部门设立综合服务窗口，乡镇人民政府（街道办事处）依托政务大厅、办事大厅等设立社会救助服务中心，村（居）民委员会设立社会救助服务站。州、市（滇中产业新区）民政部门负责指导所属县、市、区规范窗口标识，明确办理时限，按照统一的申请受理、分类登记、分类办理和意见反馈流程开展工作。建立社会救助热线，畅通救助、报告渠道。充分发挥社会救助联席会议制度作用，加强部门沟通，及时协调解决疑难救助问题。

（二）加快建立社会救助信息共享机制。

各州、市人民政府（滇中产业新区管委会）要统筹本行政区域内的社会救助信息共享工作，按照《云南省人民政府关于印发云南省城乡居民家庭经济状况核对办法的通知》（云政发〔2015〕21号）要求，建立跨部门、多层次、信息共享的救助申请家庭经济状况核对机制，搭建信息核对平台，实现民政与住房城乡建设、人力资源社会保障、公安、工商、国土资源、税务、金融、银监、证监、统计等部门的信息共享和对接。

（三）建立健全社会力量参与机制。

搭建社会力量参与救助工作平台。依托“一门受理”窗口，整合社会力量救助资源、救助信息，建立救助对象需求与公益慈善组织、社会工作服务机构及其他社会救助力量的救助资源对接机制，为社会力量参与临时救助工作提供信息支持，实现政府救助与社会帮扶的有机结合。

要充分发挥工会、共青团、妇联、残联等人民团体和红十字会、慈善总会等公益慈善组织，以及社会工作服务机构、企事业单位、志愿者队伍等社会力量资源丰富、方法灵活、形式多样等特点，通过委托、承包、采购等方式向社会力量购买服务，鼓励、支持其参与临时救助。要动员、引导具有影响力的公益组织、大中型企业等设立专项公益金，在民政部门的统筹协调下有序开展临时救助。公益慈善组织、社会工作服务机构、企事业单位、志愿者队伍等社会力量应当利用自身优势，在对象发现、专业服务、发动社会募捐等方面发挥积极作用，开展个案救助工作。社会力量参与社会救助的，按照国家有关规定享受财政补贴、税收优惠、费用减免等政策。

（四）不断完善临时救助资金筹集机制。

各地应根据日常救助困难对象人数、低收入人口数、社会救助资金支出等情况，将临时救助资金纳入地方财政预算，要加强经费保障，从列入地方各级财政预算的社会救助工作经费中统筹考虑临时救助所需工作经费。省财政根据各地财政状况、临时救助人数、临时救助资金支出情况和工作绩效评估情况等给予适当补助。临时救助资金管理办法由省财政厅、民政厅研究制定。根据中央和省级资金管理规定，各地城乡最低生活保障结余资金，可部分用于低保对象的临时救助支出。

县级民政、财政部门应统筹管理使用本级临时救助资金，便于开展急难救助。县级财政、民政部门应根据实际需要，为乡镇人民政府（街道办事处）预拨一定额度的临时救助资金，确保其有效实施1000元（含）以下的小额临时救助。

五、强化保障措施

（一）加强组织领导。

各级政府（滇中产业新区管委会）要按照属地管理原则，将建立完善临时救助制度列入重要议事日程，以健全完善救助对象、救助方式、救助标准、制度衔接为重点，抓紧制定出台临时救助实施办法。要进一步建立健全政府领导、民政部门牵头、有关部门配合、社会力量参与的社会救助工作协调机制，及时研究解决工作中遇到的问题。要将临时救助等社会救助工作列入各级领导班子和领导干部政绩考核评价指标体系，并合理确定权重；考核结果纳入政府领导班子和有关领导干部综合考核评价的重要内容，作为干部选拔任用、管理监督的重要依据。

（二）加强能力建设。

各级政府（滇中产业新区管委会）要结合本地实际全面落实临时救助制度要求，科学整合县市区、乡镇人民政府（街道办事处）管理机构及人力资源，充实加强基层临时救助工作力量，确保事有人管、责有人负。要制定出台政府购买服务的具体办法，充分利用市场机制，加强基层临时救助能力建设。要充分发挥村（居）民委员会作用，协助做好困难排查、信息报送、宣传报道、公示监督等工作。加强基层工作人员业务培训，不断提高临时救助管理服务水平。

（三）加强监督管理。

1. 明确责任主体。临时救助制度实行县级以上政府负责制。州、市、县、区人民政府（滇中产业新区管委会）应加强组织领导，切实担负起临时救助政策制定、资金投入、工作保障和监督管理责任。民政部门要切实履行主管部门职责，发挥好统筹协调作用，认真组织实施临时救助工作；财政部门要加强资金保障，提高资金使用效益，确保资金及时拨付到位；卫生计生、教育、住房城乡建设、人力资源社会保障等部门要主动配合，密切协作，按照各自职责做好有关工作，形成齐抓共管、整体推进的工作格局。乡镇人民政府（街道办事处）负责临时救助的政策咨询、申请受理（主动发现）、资格审查、日常监管等工作。村（居）民委员会受乡镇人民政府（街道办事处）委托，承担临时救助方面的困难排查、信息报送、宣传引导、公示监督等工作。

2. 加强专项监督检查。民政、财政部门要会同有关部门，对临时救助政策落实情况定期开展专项检查。财政、审计、监察部门要加强对临时救助资金管理使用情况的监督检查，严防挤占、挪用、套取社会救助资金等违纪违法现象发生。

3. 完善责任追究制度。对重视不够、管理不力，因临时救助工作不到位造成恶劣影响的政府及其有关部门负责人，进行行政问责；对违规操作、滥用职权、徇私舞弊，以及因责任不落实、相互推诿、处置不及时等造成严重后果的单位和个人，要依纪依法追究责任；对出具虚假证明材料骗取救助的单位和个人，要追回救助资金，计入社会信用体系，并按照有关法律法规进行严肃处理。

4. 强化信息公开。充分利用居民家庭经济状况核对信息管理平台，对申请人家庭经济状况进行核实；定期向社会公开临时救助实施情况，畅通举报投诉渠道，发挥社会监督作用。

（四）加强政策宣传。

各地要以临时救助对象、办理程序、救助标准、救助方式等政策规定为重点，充分利用报刊、广播、电视等媒体和互联网，以及公共查阅室、资料索取点、信息宣传栏、宣传册、明白纸等群众喜闻乐见的途径和方式，不断加大政策宣传普及力度，使临时救助政策家喻户晓、人人皆知。加强舆论引导，从政府作用、个人权利、家庭责任、社会参与等方面，多角度宣传临时救助的功能定位和制度特点，引导社会公众理解、支持、参与临时救助工作，营造良好的工作氛围。

省级确定的24个“救急难”及社会力量参与救助工作试点县要发挥典型示范作用，在配套政策、制度衔接、机制建设、信息管理方面积极探索，为不断完善临时救助制度提供有益经验。

云南省人民政府办公厅转发省民政厅等部门关于进一步完善医疗救助制度加快推进重特大疾病医疗救助工作实施意见的通知

（云政办发〔2015〕65号　2015年8月30日）

各州、市人民政府，滇中产业新区管委会，省直各委、办、厅、局：

省民政厅、财政厅、人力资源社会保障厅、卫生计生委和云南保监局《关于进一步完善医疗救助制度加快推进重特大疾病医疗救助工作的实施意见》已经省人民政府同意，现转发给你们，请认真贯彻执行。

云南省民政厅　云南省财政厅　云南省人力资源社会保障厅　云南省卫生计生委　云南保监局关于进一步完善医疗救助制度加快推进重特大疾病医疗救助工作的实施意见

为进一步完善医疗救助制度，健全社会救助体系，保障困难群众基本医疗权益，按照《社会救助暂行办法》（国务院第649号令）、《国务院办公厅转发民政部等部门关于进一步完善医疗救助制度全面开展重特大疾病医疗救助工作意见的通知》（国办发〔2015〕30号）等规定，结合我省实际，现提出以下意见：

一、完善医疗救助制度

（一）整合城乡医疗救助制度。各地要在2015年底前，将城市医疗救助制度和农村医疗救助制度整合为城乡医疗救助制度，按照《云南省财政厅　云南省民政厅关于转发财政部　民政部关于印发城乡医疗救助基金管理办法文件的通知》（云财社〔2014〕19号）要求，合并原来在社会保障基金财政专户中分设的“城市医疗救助基金专账”和“农村医疗救助基金专账”，切实在资金筹集上加大城乡统筹力度。科学制定、合理设置封顶线，合理确定救助对象经有关基本医疗保险、城乡居民大病保险及各类补充医疗保险、商业保险报销后的个人负担费用需自负的基本医疗费用的救助比例。救助对象1年内可1次或多次享受救助，但个人累计年救助总额不得超过当地规定的年救助封顶线。

救助方案原则上由州、市和滇中产业新区制定或修订，并明确统一的救助比例，所属县、市、区间的封顶线差距不能太大；各州、市、县、区和滇中产业新区的实施办法在报同级政府（管委会）批准前，须报上一级民政部门审核。

（二）明确医疗救助对象。医疗救助对象为：最低生活保障家庭成员和特困供养人员，低收入家庭中的老年人、未成年人、重度残疾人和重病患者等困难群众，以及符合县级以上政府有关规定的其他特殊困难人员。

（三）资助参保参合。各地要全额资助城市“三无”人员、农村“五保”对象。对城乡低保对象，丧失劳动能力的一、二级重度残疾人，低收入家庭60周岁以上的贫困老年人，25个边境县、市边境一线行政村的农村居民，以及迪庆州除农村低保对象和“五保”

对象外的经批准的农村居民，按照每年70元标准定额资助参保、参合，其余部分由个人承担。对纳入农村低保、农村“五保”供养范围内，以及居住在边境一线行政村的农村重点优抚对象，按照个人缴费标准实行全额资助参合。其中，在民政医疗救助资金中定额资助70元，不足部分从优抚对象医疗补助资金中资助，对低收入医疗救助对象可依本人申请给予适当支持。各级民政、财政、人力资源社会保障、卫生计生、保监等部门要密切协作，共同做好资助参保参合人员名单的会审和资助资金的划拨等工作，形成工作合力，促进参保参合工作健康发展。

二、加快推进重特大疾病医疗救助

（一）救助对象。重特大疾病医疗救助对象为：最低生活保障家庭成员和特困供养人员，低收入救助对象，因病致贫家庭重病患者。

（二）救助内容。对符合救助条件的重特大疾病贫困患者，在政策范围内经基本医疗和大病医疗保险或补充医疗保险补偿后仍难以负担的住院医疗费用和门诊医疗费用，由民政部门按照规定给予补助。

（三）救助范围。将儿童白血病、儿童先心病、妇女乳腺癌、宫颈癌、重性精神病、终末期肾病、耐多药肺结核、艾滋病机会性感染、肺癌、食道癌、胃癌、结肠癌、直肠癌、慢性粒细胞性白血病、急性心肌梗塞、脑梗死、血友病、I型糖尿病、甲亢、唇腭裂、儿童尿道下裂、儿童苯丙酮尿症等22个病种列入重特大疾病医疗救助保障范围。各地也可因地制宜，增加1—2个本地特殊病种进行救助。具体救助病种由各县、市、区根据当地医疗救助基金的筹集情况确定，并随着医疗救助资金筹集水平的不断提高扩大病种范围。

（四）合理确定救助标准。各级民政部门要综合考虑本地财政承受能力、贫困程度、个人消费水平等因素，合理制定重特大疾病医疗救助比例和救助封顶线。对重点救助对象，应当全面取消起付线，并减免住院押金；对因病致贫家庭重病患者，可设置起付线，对起付线以上的自负费用给予救助。

（五）加强与有关医疗保障制度的衔接。有关部门要加强协作配合，共同做好重特大疾病医疗救助与基本医疗保险、城乡居民大病保险、疾病应急救助和商业保险的有效衔接，确保城乡居民大病保险覆盖所有贫困重特大疾病患者，帮助所有符合救助条件的困难群众获得保险补偿和医疗救助。民政部门要会同有关部门及城乡居民大病保险承办服务机构，进一步完善信息共享和业务协作机制，共同做好重特大疾病医疗救助有关基础工作。

三、进一步健全医疗救助工作机制

（一）健全筹资机制。要加大对医疗救助资金的筹集力度，专项安排重特大疾病医疗救助补助资金。省财政视每年福彩公益金的筹集情况，从省级留存的福彩公益金中安排适当资金用于全省重特大疾病医疗救助补助，由省财政厅、民政厅共同下达。州、市和滇中产业新区财政应从本级福彩公益金中按照一定比例安排重特大疾病医疗救助资金。各地要鼓励和引导社会力量通过慈善、社会捐助等渠道筹集资金；提倡和鼓励由政府建立重特大疾病医疗救助基金，有条件的地方，可在州市级统一建立重特大疾病医疗救助基金，为全面开展重特大疾病医疗救助提供资金保障。

（二）健全“一站式”即时结算机制。各州、市和滇中产业新区要加快“一站式”即时结算信息平台建设，并及时完善和更新救助对象基本信息，充分利用系统的数据统计、信息比对、资金监管等功能，做到医疗救助与城镇职工基本医疗保险、城乡居民基本医疗保险、新农合、大病保险、疾病应急救助、商业保险等信息管理平台互联互享、公开透明，实现“一站式”信息交换和即时结算。救助对象所发生的医疗费用可先由定点医疗机构垫付医疗救助基金支付的部分，救助对象只支付自负部分。各地要在2015年底前全面实现“一站式”即时结算信息平台与省级医疗救助平台的对接。

（三）建立绩效考核制度。把各级政府、滇中产业新区管委会的资金投入、资金拨付、资金结余率、住院救助比例、大病开展情况、“一站式”即时结算信息平台建设等因素列入年度绩效考核指标，并作为下年度中央和省级资金安排预算的依据。

四、加强组织领导

医疗救助工作事关困难群众切身利益，是托底线、救急难的重要制度安排。各地、有关部门要坚持“托住底线、统筹衔接、公开公正、高效便捷”的原则，进一步加强组织领导，强化责任落实，强化规范管理，不断提高医疗救助管理服务水平。要切实加强基层经办机构和能力建设，做到事有人管、责有人负。各级民政、财政、人力资源社会保障、卫生计生、保监等部门要加强协调配合，做好医疗救助方案设计、政策调整、政策宣传和政策执行等工作，最大限度减轻困难群众医疗支出负担。

云南省人民政府办公厅关于进一步做好困难职工解困脱困工作的实施意见

（云政办发〔2017〕20号　2017年2月17日）

各州、市人民政府，省直各委、办、厅、局：

根据国务院有关做好困难职工解困脱困工作和《中华全国总工会关于进一步做好困难职工解困脱困工作的实施意见》（总工发〔2016〕7号）要求，为扎实推进我省困难职工解困脱困工作，实现困难职工与全省人民同步迈入小康社会，经省人民政府同意，现提出以下意见：

一、重要意义和指导思想

（一）重要意义。

党的十八大提出了“两个一百年”的奋斗目标，党中央、国务院作出了打赢脱贫攻坚战的重大决定，中共中央政治局常委会议就加大城镇困难职工解困脱困和保障力度提出了明确要求。困难职工解困工作是巩固党执政的阶级基础和群众基础的重要保证，是加强和创新社会管理、改善和保障民生的重要内容，是新形势下强化服务、维护职工合法权益的重要举措。各级政府要从全面建成小康社会的全局和战略高度，切实增强责任感和使命感，把困难职工解困脱困工作作为一项紧迫任务，摆在更加突出位置，采取有力措施抓实抓好。

（二）指导思想。

坚持以邓小平理论、“三个代表”重要思想、科学发展观为指导，全面贯彻落实党的十八大和十八届三中、四中、五中、六中全会精神，深入学习贯彻习近平总书记系列重要讲话和考察云南重要讲话精神，紧紧围绕“五位一体”总体布局和“四个全面”战略布局，牢固树立创新、协调、绿色、开放、共享的发展理念，贯彻落实党中央、国务院关于困难职工解困脱困工作的决策部署，坚持“统筹协调、突出重点、分级负责、精准聚焦”的原则，健全党委领导、政府主导、工会牵头、部门负责、社会参与的工作体制；形成源头解困、动态脱困、应急救助、常态帮扶相结合的工作机制；加强政策引导、项目支撑、结对帮扶、社会保障的工作合力，进一步做好困难职工解困脱困工作。

二、目标任务

2017—2019 年，每年完成 30% 以上建档立卡困难职工的解困脱困任务，对于新产生的困难职工要按照建档标准同步建档立卡、同步实施帮扶、同步解困脱困。到 2020 年全面完成解困脱困任务。

解困脱困标准具体是指建档立卡的困难职工家庭经过有关部门精准帮扶和制度保障后实现“两有五保障”（有吃、有穿，就业、就医、就学、社会保险、住房有保障）。其中，对于因收入低导致生活困难的职工家庭重在脱困，推动其纳入社会救助体系兜底保障；对于因病、因灾、子女上学、下岗失业等具体原因致困的困难职工家庭重在解困，利用各种政策措施，帮助其解决实际问题，缓解困难。既要帮助困难职工解决眼前困难，做到无基本生活之忧，又要帮助他们脱困，走上致富之路，确保到2020年困难职工同步迈入小康社会。

三、工作对象

解困脱困的工作对象具体包括3种类别。一是家庭人均月收入低于当地最低生活保障标准，经政府救助后仍生活困难的职工家庭。二是家庭人均月收入虽略高于当地最低生活保障标准，但由于本人或主要家庭成员患病、子女上学、残疾、单亲及其他特殊原因造成生活困难的职工家庭。三是家庭人均月收入在当地最低生活保障标准3倍以内（含），但因职工本人或主要家庭成员遭受突发事件、意外伤害、重大疾病或其他原因导致生活困难的职工家庭。对于长期居住在城市且依靠工资收入为主要生活来源的农民工符合建档条件的纳入解困脱困范畴（已纳入农村扶贫对象的除外）。

针对我省供给侧结构性改革实际，高度重视化解过剩产能中新产生的困难职工，各地可结合实际，在确保建档立卡困难职工实现解困脱困的基础上，确定本级困难职工范围。

四、具体措施

（一）精准识别，规范建档立卡。按照“分级负责、精准识别、一户一档、动态管理”的原则，全面深入摸底排查，为困难职工建立档案、发放联系卡，建立“一帮一”结对帮扶制度，纳入工会帮扶工作管理系统，与民政部门居民家庭经济状况核对信息管理平台联网，共享困难职工信息数据，实现在档困难职工档案动态化管理，准确掌握职工基本情况、致困原因、脱困诉求等，深入分析致困原因，找准解困脱困措施，做到一户一档案、一户一计划、一

户一措施。（省总工会牵头；省民政厅、人力资源社会保障厅、住房城乡建设厅配合）

（二）分类帮扶，着力精准施策。针对困难职工具体致困原因和脱困需求，分类实施帮扶，对有劳动能力的困难职工，通过加强技能培训、提供创业援助等方式，以就业创业解困脱困一批；对因企业欠缴社会保险费或没有落实有关社保待遇的困难职工，将其依法依规纳入国家社会保险制度覆盖一批；对因病致困的职工，将其纳入基本医疗保险、大病补充保险和医疗互助保险保障一批；对符合低保条件的困难职工，通过社会救助兜底保障一批。充分整合社会资源，形成工作合力，推进有关制度政策落实到位，实现对困难职工的精准帮扶和制度保障。

1. 就业创业解困脱困。对有劳动能力但未实现就业的困难职工，着重帮助其实现就业创业，提高家庭收入实现解困脱困。落实好政府积极就业政策，充分运用就业创业扶持政策、化解过剩产能职工安置政策等，帮助困难职工实现就业再就业，重点关注化解过剩产能中下岗待岗困难职工，确保有就业能力的零就业困难职工家庭至少 1 人就业。将有劳动能力未就业的困难职工纳入就业创业政策扶持对象范围，免费提供就业指导、职业介绍、政策咨询等服务，对有创业意愿的困难职工有针对性地提供创业培训、创业指导、项目咨询和跟踪服务，对符合条件的困难职工给予一次性生活费补助、一次性创业补贴等补助。依托职业院校、职工技能培训实训基地等，深入实施创业援助计划、技能培训促就业计划、云岭职工素质建设工程、阳光就业计划，落实好“贷免扶补”创业担保贷款、“两个 10 万元”培育工程、创业园区扶持等政策措施。采取加强技能培训、提供创业援助等方式，帮助困难职工实现就业创业解困脱困。（省人力资源社会保障厅牵头；省财政厅、工业和信息化委、发展改

革委、国资委，省总工会配合）

2. 医疗保障解困脱困。健全完善职工基本医疗保险和大病补充保险制度，将因病致困的职工纳入基本医疗保险和大病补充医疗保险制度保障范围，实现人力资源社会保障、卫生计生等各类政策资源对困难职工的全面覆盖。提高重大疾病报销水平，推动完善医疗救助制度，推进“费用+病种”的医疗救助模式，逐步提高重特大疾病患者的自负医疗费用救助比例。逐步提高职工门诊和住院治疗费用报销标准，有效助其减少医疗费用个人支出。加大医疗救助、临时救助、慈善救助等帮扶力度，深入开展好职工医疗互助活动，对困难职工缴纳工会职工医疗互助活动费用确有困难的，由工会帮助其缴纳。实施工会大病专项帮扶项目，引导社会组织参与救助患重特大疾病困难职工。（省人力资源社会保障厅牵头；省卫生计生委、民政厅、财政厅，省总工会配合）

3. 子女助学解困脱困。推动困难职工家庭上学子女纳入国家“奖、助、贷、勤、减、免”学生资助政策体系范畴，按照规定享受我省实施的覆盖学前教育至研究生教育的21项助学政策，充分整合各部门助学资源，实施“金秋助学”计划，大力引导社会公益助学资金向困难职工家庭就学子女倾斜，确保困难职工子女上得起学，顺利完成学业（省教育厅牵头；省财政厅，省总工会配合）。

4. 落实社保解困脱困。对没有社会保险或没有落实社会保险待遇的困难职工，重点帮助其落实各项社保政策，实现制度保障。困难职工与企业解除劳动关系的，督促企业做好各项社会保险接续、转移和待遇落实；督促欠缴社会保险费的企业依法补缴社会保险费，确保达到领取养老金条件的困难职工按照规定享受养老待遇；对未参加企业职工基本养老保险的困难职工，要依法依规将其纳入企业职工基本养老保险范围；对因无法正常领取失业保险金或工伤保险待遇落实不到位等原因，造成家庭困难的职工，重点落实好有关待遇。高度关注供给侧结构性改革中化解过剩产能企业中的困难职工，做好社会保障政策落实工作。合力推动和监督企业贯彻落实好社会保险制度，保障困难职工社保权益（省人力资源社会保障厅牵头；省财政厅、工业和信息化委、国资委，省总工会，省工商联配合）。

5. 住房保障解困脱困。大力推进城镇保障性安居工程建设，对没有住房和居住危房的困难职工家庭落实有关保障性住房政策，对符合住房保障条件的困难职工优先租住公共租赁住房；若房源有限，可申请发放租赁补贴，切实解决好困难职工家庭住房问题。对缴纳保障性住房租金确有困难的特困职工，经民政部门审核，给予一定资金减免（省住房城乡建设厅牵头；省财政厅、民政厅，省总工会配合）。

6. 兜底保障解困脱困。对达到社会救助政策有关条件的困难职工，使其享受具体社会救助政策，实现社会兜底保障。符合低保条件的，推动其纳入政府最低生活保障范围，做到应保尽保，逐步提高城市最低生活保障标准。完善“一门受理，协同办理”工作机制，对符合专项社会救助条件的困难职工实施救助，建立完善临时救助制度，对遭遇突发事件、意外伤害、重大疾病或其他特殊原因导致基本生活陷入困境的困难职工，做到应救尽救，给予应急性、过渡性救助，切实保障困难群众基本生活权益。全面开展救急救难工作，逐步提高救助标准，做到突发困难及时帮、突出困难重点帮，建立健全社会力量参与机制，搭建社会力量参与社会救助工作平台（省民政厅牵头；省人力资源社会保障厅、财政厅、卫生计生委、教育厅、住房城乡建设厅，省总工会配合）。

五、组织保障

（一）强化组织领导。

各级政府要把困难职工解困脱困工作放在全面建成小康社会、实现共同富裕的战略高度，作为脱贫攻坚的重要组成部分抓实抓好，真正实现困难职工的解困脱困，确保小康路上不让困难职工掉队。各地、有关部门要把困难职工解困脱困工作列入当地扶贫攻坚的议事日程，结合实际科学制定工作规划，按照“分类帮扶、因困施策”的原则，在全面准确掌握困难职工规模、数量、分布等情况的基础上，统筹安排政策对接、项目实施、成效评估等具体措施，建立部门协作联动工作机制、部门服务清单机制和困难职工结对帮扶机制，整合资源、创新方法、形成合力，一级抓一级，层层抓落实，形成各负其责、各司其职、齐抓共管和全社会共同参与的工作格局，确保目标任务明确、资源配置合理、措施精准到位。

（二）加大投入力度。

各地、有关部门要切实在困难职工解困脱困工作中加大人力、财力、物力的投入力度。当前，要积极化解落后产能、过剩产能，支持引导困难企业健康发展，实现转型升级优化；争取将困难职工解困脱困工作列入各级扶贫攻坚专项资金和财政预算中，并逐步增加资金投入，带动建立多元化解困脱困资金投入机制；集中各方优势力量做好困难职工解困脱困工作，积极整合现有各项民生政策、资金、项目用于解困脱困工作，积极引导社会各界参与其中，鼓励社会组织、慈善组织等力量投入到解困脱困工作中并发挥积极作用。同时，要加强对解困脱困资金使用的检查监督力度，确保各项投入发挥最大实效，确保各项投入用到点上、用到根上。

（三）加强宣传引导。

各地、有关部门要把城市困难职工解困脱困工作的思想高度统一到省委、省政府的决策部署上来，增强做好解困脱困工作的责任感和使命感。充分利用新兴媒体等各方力量，引导社会各界共同关注关爱困难职工群体，及时报道各地各部门积极参与困难职工解困脱困的典型经验和做法，营造良好的社会氛围。要加强对困难职工的思想观念教育，鼓励他们坚定信心、不畏艰难，充分发挥主观能动性，依靠自己的双手创造美好生活和未来。

云南省民政厅　云南省发展和改革委员会　云南省公安厅　云南省财政厅　云南省人力资源和社会保障厅　云南省住房和城乡建设厅　人民银行昆明中心支行　云南省国家税务局　云南省地方税务局　云南省工商行政管理局　云南省统计局　云南证监局关于印发云南省城市低收入家庭认定实施办法的通知

（云民社救〔2012〕24 号　2012 年 8 月 29 日）

各州、市、县（市、区）人民政府：

为规范廉租住房、经济适用住房保障以及其他社会救助工作中的城市低收入家庭收入核定行为，根据民政部等十一部委《关于印发〈城市低收入家庭认定办法〉的通知》（民发〔2008〕156 号）精神，结合我省实际，我们制定了《云南省城市低收入家庭认定实施办法》，经省人民政府同意，现印发你们，请遵照执行。

云南省城市低收入家庭认定实施办法

第一章　总　则

第一条　为规范廉租住房、经济适用住房保障以及其他社会救助工作中的城市低收入家庭核定行为，根据民政部等十一部委《关于印发〈城市低收入家庭认定办法〉的通知》（民发〔2008〕156 号），结合我省实际，制定本实施办法。

第二条 本实施办法所称城市低收入家庭，是指家庭成员人均收入和家庭财产状况符合当地人民政府规定的低收入标准的城市居民家庭。家庭成员是指具有法定赡养、抚养或扶养关系并共同生活的人员。

第三条 县（市、区）以上地方人民政府民政部门负责本行政区域内城市低收入家庭收入核定的管理工作。

县（市、区）人民政府民政部门以及街道办事处或者乡镇人民政府负责城市低收入家庭收入核定的具体工作。

社区居民委员会根据街道办事处或者乡镇人民政府的委托，可以承担城市低收入家庭收入核定的日常服务工作。

第四条 县（市、区）以上人民政府发展和改革、物价、公安、财政、人力资源社会保障、住房城乡建设（房地产）、金融、税务、工商、统计等部门在各自职责范围内做好城市低收入家庭收入核定的有关工作。

第五条 城市低收入家庭认定遵循下列原则：

（一）属地管理。

（二）低收入标准与当地经济和社会发展水平相适应。

（三）公开、公平、公正。

（四）动态管理。

（五）认定结果与城市居民最低生活保障、医疗救助、住房救助、就业援助、教育救助、法律援助等救助制度相衔接。

第六条 各级人民政府要加强城市低收入家庭认定工作机构能力建设，配备可以满足实际需要且胜任工作的人员。街道办事处、乡镇人民政府要采取调配、招用等形式，配备必要工作人员。

第七条 各级人民政府要将实施城市低收入家庭认定工作必要经费列入同级财政预算。

第二章　认定标准

第八条　城市低收入家庭收入标准实行动态管理，每年公布一次。设区的市低收入家庭收入标准，由市人民政府制定；县（市）城市低收入家庭收入标准，由县（市）人民政府制定，并报上级人民政府备案。

第九条　城市低收入家庭收入标准主要包括家庭收入和家庭财产两项指标，应当根据当地经济和社会发展水平，统筹考虑居民人均可支配收入、最低生活保障标准、最低工资标准以及住房保障和其他社会救助的关系，以满足城市居民基本生活需求为原则，按照不同救助项目需求和家庭支付能力确定。

第十条　家庭收入是指家庭成员在一定期限内拥有的全部可支配收入，包括扣除缴纳的个人所得税以及个人缴纳的社会保障支出后的工薪收入、经营性净收入、财产性收入和转移性收入等。家庭财产是指家庭成员拥有的全部存款、房产、车辆、有价证券等财产。

第十一条　下列收入不计入家庭收入：

（一）政府颁发的对特殊贡献人员的奖励金，见义勇为奖励金，计划生育奖励与扶助金，省级以上劳动模范退休后享受的荣誉津贴。

（二）优抚对象按规定享受的抚恤金、补助金、优待金及护理费。

（三）政府和社会给予贫困在校生的救助金、生活补贴和在校学生获得的奖学金、助学贷款等。

（四）因工（公）负伤职工及死亡职工亲属依法享受的各项工伤保险待遇、人身伤害赔偿中除生活费以外的部分。

（五）按规定由单位及个人缴纳的住房公积金和各项社会保险费。

（六）参加城镇居民社会养老保险的居民领取的基础养老金，“十二五”期间暂不计入家庭收入。

（七）经县（市、区）以上人民政府民政部门认定不计入家庭收入的其他收入。

第三章　认定方法和程序

第十二条　低收入家庭收入核定工作可以采用书面审查、入户调查、邻里访问、信函索证以及调用相关政府部门信息等方式，对申请低收入核定的家庭至少最近半年的收入和财产状况进行调查核实。

第十三条　城市居民家庭在申请廉租住房、经济适用住房保障或者其他社会救助时，应当由户主向其户籍地的街道办事处或乡（镇）人民政府提出书面申请，提供下列相关证明和材料，并以签署诚信承诺书方式承诺所提供材料的真实性，同时出具对其家庭收入进行核定的授权书：

（一）就业、缴纳社会保险费和领取各项社会保险待遇的情况；

（二）住房公积金缴纳和使用的情况；

（三）房产拥有、房产交易和出租房屋的情况；

（四）开办企业和个体工商业户的注册登记情况；

（五）个人、个体工商户以及企业的纳税情况；

（六）车辆拥有的情况；

（七）享受有关社会救助、优待抚恤的情况；

（八）家庭成员有关银行存款、有价证券、期货的情况；

（九）根据收入核定工作需要应当提供的其他情况。

第十四条　经申请低收入核定的家庭书面授权，县（市、区）人民政府民政部门以及街道办事处或者乡（镇）人民政府，可以对家庭成员的收入和财产状况进行核查。人力资源社会保障（社会保险）、住房公积金管理、住房城乡建设（房地产）、工商、税务、公安（户籍和车辆管理）等部门和相关金融机构应当予以配合。

第十五条 街道办事处或者乡（镇）人民政府在受理低收入家庭收入核定申请后，应当就其家庭收入状况进行核查，并委托申请人所在社区居民委员会对申请家庭收入情况进行调查。

社区居民委员会应当组织民主评议会，对申请人家庭经济状况、实际生活水平等情况进行公开评议。评议结果按规定张榜公示，时间不得少于7个工作日。公示结束后，将调查材料报送街道办事处或者乡（镇）人民政府。

街道办事处或者乡（镇）人民政府应在收到申请人所在社区居民委员会调查材料的15个工作日内完成核查工作，并将审查意见和有关材料报送县（市、区）人民政府民政部门审核。

县（市、区）人民政府民政部门应在收到街道办事处或者乡（镇）人民政府审查意见和有关材料后的15个工作日内完成核定工作。

第十六条 县（市、区）人民政府民政部门应当为符合当地人民政府规定的低收入家庭收入标准的城市居民家庭出具家庭收入核定证明。

第十七条 城市居民最低生活保障家庭可直接认定为城市低收入家庭，不再重复进行家庭收入核定。

第十八条 城市低收入家庭应当按年度向所在地街道办事处或者乡镇人民政府如实申报家庭人口、收入以及财产变动情况。街道办事处或乡（镇）人民政府应当对申报情况进行核实，并将申报及核实情况报送县（市、区）人民政府民政部门。

县（市、区）人民政府民政部门应当根据城市低收入家庭人口、收入以及财产的变动情况，重新出具家庭收入核定证明，并进行备案登记。

第十九条 县（市、区）人民政府民政部门应当按户建立家庭收入审核档案，并将城市低收入家庭的人口、收入、财产等变动情况，以及享受廉租住房、经济适用住房保障或者其他社会救助的情况，及时登记归档。

第二十条 各县（市、区）人民政府应当逐步建立城市家庭收入审核信息系统，有效利用公安（户籍和车辆管理）、人力资源社会保障（社会保险）、住房城乡建设、金融、工商、税务、住房公积金等政府部门及有关机构的数据，实现信息共享，方便信息比对和核查，建立科学、高效的收入审核信息平台。

第四章　监督管理

第二十一条 县（市、区）人民政府民政部门以及街道办事处或者乡镇人民政府应当设立举报箱或者举报电话，接受群众和社会监督。

第二十二条 申请低收入核定的家庭不如实提供相关情况，隐瞒收入和财产，骗取城市低收入家庭待遇的，由县（市、区）人民政府民政部门取消已出具的家庭收入核定证明，并记入有关部门建立的诚信体系。

第二十三条 国家机关、企事业单位、社会团体、社区居民委员会以及其他社会组织，不如实提供申请低收入核定的家庭及家庭成员的有关情况，或者出具虚假证明的，由县（市、区）人民政府民政部门提请其上级主管机关或者有关部门依照法律法规和有关规定处理，并记入有关部门建立的诚信体系。

第二十四条 城市家庭收入审核工作人员玩忽职守、滥用职权、徇私舞弊的，依法给予处分；涉嫌犯罪的，依法移送司法机关处理。

第五章　附　则

第二十五条　各州（市）、县（市、区）人民政府可以根据本办法，制定实施细则。

第二十六条　本办法自2012年10月1日起施行。

云南省财政厅　云南省人力资源和社会保障厅关于印发《云南省就业专项资金管理办法》的通知

（云财社〔2013〕214号　2013年9月4日）

各州（市）财政局、人力资源和社会保障局：

经省人民政府同意，现将《云南省就业专项资金管理办法》印发给你们，请认真贯彻执行。

附件：云南省就业专项资金管理办法

云南省就业专项资金管理办法

第一章　总　则

第一条　为了促进全省就业工作，加强就业专项资金使用管理，提高资金使用的安全性、规范性和有效性，根据中央和省的有关规定，结合我省实际，制定本办法。

第二条　本办法所指的就业专项资金，是指县级及以上人民政府根据就业形势变化和就业工作目标，按照分级负担、属地管理的原则，统筹安排或多渠道筹集的专项资金，具体来源包括：

本级财政预算安排的就业专项资金；上级财政预算补助的就业专项资金；上级社会保障基金财政专户补助的就业专项资金；就业专项资金的利息收入；其他资金。

按国家和我省的有关规定，符合失业保险基金用途用于促进就业的支出，直接从失业保险基金中支付。

第三条 资金使用范围：就业专项资金用于职业介绍补贴、职业培训补贴（含劳动预备制培训生活费补贴）、职业技能鉴定补贴、社会保险补贴、公益性岗位补贴、扶持公共就业服务、小额贷款担保基金和小额担保贷款贴息、就业见习补贴、《就业失业登记证》工本费、高校毕业生一次性求职补贴，以及经省人民政府批准，报财政部、人力资源社会保障部备案的其他支出。

省级财政安排的就业专项资金主要用于创业资金、就业见习补贴、省级大学生创业示范园区奖补、小额担保贷款工作经费、高技能人才振兴计划、万名高校毕业生走出去就业奖补及对高校招聘活动的专项补助等。

对于小微企业新招用毕业年度高校毕业生（毕业年度是指毕业所在自然年，即 1 月 1 日至 12 月 31 日）的社会保险缴费补贴，以及对云南籍毕业生出省就业创业比例达到 10% 的高校的奖补资金，由各级财政分级负担。

第二章 资金申请及支付管理

第四条 职业介绍补贴。在工商行政部门登记注册的职业中介机构，可按经其就业服务后实际就业的登记失业人员人数向当地人力资源社会保障部门申请职业介绍补贴。每位符合免费服务条件的人员每年只能享受一次职业介绍补贴，职业中介机构不得重复申请。职业介绍补贴标准每人不超过 100 元，具体标准按各州（市）财政和人力资源社会保障部门的规定执行。

职业介绍补贴申请材料包括：经职业中介机构就业服务后已实现就业的登记失业人员名单、接受就业服务的本人签名及《身份证》复印件、《就业失业登记证》复印件、劳动合同等就业证明材料复印件、职业中介机构在银行开立的基本账户等凭证材料。

申请材料经人力资源社会保障部门审核后，财政部门按规定将补贴资金支付到职业中介机构在银行开立的基本账户。

对纳入财政补助范围的公共就业服务机构，各地要按照《事业单位财务规则》，根据其享受财政补助编制内实有人数，并结合考虑其承担的免费公共就业服务工作量，安排公共服务就业机构开展公共就业服务所需的基本支出和项目支出预算，由同级财政在部门预算中统筹安排。公共就业服务机构是指县级及以上政府设立的，根据《中华人民共和国就业促进法》和《人力资源社会保障部财政部关于进一步完善公共就业服务体系有关问题的通知》（人社部发〔2012〕103 号）规定，为劳动者提高免费就业服务的机构。

第五条　职业培训补贴。享受职业培训补贴的人员范围包括：城镇登记失业人员、农村转移就业劳动者、毕业学年高校毕业生（毕业学年是指从毕业前 1 年 7 月 1 日起的 12 个月之内）、城乡未继续升学的应届初高中毕业生（以下简称四类人员）。四类人员每人每年只能享受一次职业培训补贴，不得重复申请。享受职业培训补贴的培训期限最长不超过 12 个月。

（一）技能培训。

对四类人员参加就业技能培训后，培训合格并通过职业技能鉴定取得初级以上职业资格证书（未颁布国家职业技能标准的职业应取得专项职业能力证书），按职业培训补贴不超过 800 元的标准给予补贴，具体标准由各州（市）财政和人力资源社会保障部门按照分类办法并结合当地实际确定。6 个月内实现就业的，按职业培训补贴标准的 100% 给予补贴；6 个月内没有实现就业的，取得初级以上职业资格证书，按不超过职业培训补贴标准的 80% 给予补贴；取得专项职业能力证书，按不超过职业培训补贴标准的60%给予补贴。

城乡未继续升学的初高中毕业生参加劳动预备制培训，可由职业培训机构代为申请职业培训补贴，对其中农村学员和城市居民最低生活保障家庭的学员，给予生活费补贴。对劳动预备制培训，按照省的相关规定执行。

城镇登记失业人员、农村转移就业劳动者、毕业学年高校毕业生参加就业技能培训可向当地人力资源社会保障部门申请职业培训补贴，申请材料经人力资源社会保障部门审核后，财政部门按规定将补贴资金直接拨付给申请者本人。职业培训补贴申请材料包括：培训人员《身份证》复印件、《就业失业登记证》复印件或《云南省农民工服务手册》复印件、职业资格证书（专项职业能力证书或培训合格证书）复印件、就业证明材料、职业培训机构开具的行政事业性收费票据（或税务发票）等凭证材料。对职业培训机构代为申请职业培训补贴的，培训费申请材料除前款所规定的职业培训补贴材料外，还应附代为申请协议等。

（二）创业培训。

创业培训补贴分为创业能力补贴和后续跟踪服务补贴两个阶段，创业能力补贴阶段每人补贴标准不超过800元，后续跟踪服务补贴阶段每人补贴标准不超过500元，创业培训每人补贴标准合计最高不超过1300元。具体标准按各州（市）财政和人力资源社会保障部门的规定执行。

1. 创业能力补贴：城镇登记失业人员、农村转移就业劳动者、城乡未继续升学的应届初高中毕业生参加创业培训机构举办的创业培训后，通过考试取得国家认可的培训合格证书、培训合格率达到90%以上，6个月内创业率达到25%以上的，培训机构可按此阶段补贴标准的100%申请补贴；6个月内创业率低于25%的，培训机构可按此阶段补贴标准的60%申请补贴。毕业学年高校毕业生参加创业能力培训后通过考试取得国家认可的创业培训合格证书、培训合格率达到95%以上、6个月内创业率达到10%以上的，可按此阶段补贴标准的100%申请补贴；6个月内创业率低于10%的，可按此阶段补贴标准的80%申请补贴。

符合上述补贴条件的四类人员参加创业能力培训后，凭申请报告、培训人员名单、代为申请协议、身份证、学籍证明、《就业失业登记证》或《云南省农民工服务手册》、创业培训合格证书、工商营业执照（工商营业执照领取的时间应在参加创业并取得国家认可的培训合格证书之后）或民办非企业单位登记证书和培训机构的银行基本账户证明等，由创业培训机构向当地人力资源社会保障部门申请创业培训补贴。

2. 后续跟踪服务补贴：当地人力资源社会保障部门可根据在创业培训合格并领取营业执照或民办非企业单位登记证书后12个月内，创业培训机构开展后续跟踪服务，组织进行改善和扩大企业的创业课程培训并取得相关证书，同时，在开业指导和企业管理等方面给予两次以上的具体帮助、指导并有相关记录的，可给予后续跟踪服务补贴。

创业培训机构开展后续跟踪服务后，凭申请报告、后续跟踪服务人员名单、身份证、《就业失业登记证》或《云南省农民工服务手册》、代为申请协议、培训合格证书、营业执照或民办非企业单位登记证、改善和扩大企业的创业课程培训凭证、开业指导和企业管理指导相关记录，向当地人力资源和社会保障部门申请。

毕业学年高校毕业生参加创业培训实行年度计划管理，年度计划由省人力资源和社会保障厅商省财政厅下达。

（三）岗前培训。

企业新录用的四类人员，与企业签订6个月以上期限的劳动合同，在劳动合同签订之日起6个月内由企业依托所属培训机构或政府认定的培训机构开展岗前就业技能培训的，根据培训后继续履行劳动合同的情况，用人单位可按每人最高不超过400元的标准申请职业培训补贴。具体标准按各州（市）财政和人力资源社会保障部门的规定执行。

企业开展岗前培训前，需将培训计划大纲、培训人员花名册及《身份证》复印件、劳动合同复印件等材料报当地人力资源社会保障部门备案，培训后根据劳动者继续履行劳动合同情况，向人力资源社会保障部门申请职业培训补贴。申请材料经人力资源社会保障部门审核后，财政部门按规定将补贴资金直接拨入企业在银行开立的基本账户。企业申请职业培训补贴材料包括：培训人员花名册、培训人员《身份证》复印件、《就业失业登记证》复印件或《云南省农民工服务手册》复印件、劳动合同复印件、职业培训合格证书等凭证材料。

第六条 职业技能鉴定补贴。四类人员通过初次职业技能鉴定并取得职业资格证书或专项职业能力证书的，可向当地人力资源社会保障部门申请不超过每人100元的一次性职业技能鉴定补贴。职业技能鉴定申请材料包括：申请人《身份证》复印件、《就业失业登记证》复印件或《云南省农民工服务手册》复印件、职业资格证书复印件、职业技能鉴定机构开具的行政事业性收费票据（或税务发票）等凭证材料。经人力资源和社会保障部门审核后，财政部门按规定支付给申请者本人。

第七条 社会保险补贴。对就业困难人员的社会保险补贴实行“先缴后补”的办法。就业困难人员是指我省办理了城镇登记失业的零就业家庭人员、享受城市居民最低生活保障人员、连续失业一年以上人员、男年满50周岁和女年满40周岁以上的人员（简称“4050”人员）、残疾人和完全失去土地未就业的生活困难人员。社会保险补贴期限，除对距法定退休年龄不足 5 年的就业困难人员可延长至退休外，其余人员最长不超过 3 年（以初次核定其享受社会保险补贴时的年龄为准，下同）。

（一）企业（单位）吸纳就业困难人员的社会保险补贴。对各类企业（单位）招用就业困难人员，与之签订劳动合同并缴纳社会保险费的；以及在公益性岗位安排就业困难人员，并缴纳社会保险费的，按单位为就业困难人员实际缴纳的基本养老保险费、基本医疗保险费和失业保险费给予补贴，不包括个人缴纳的社会保险费。

企业（单位）按季将符合享受社会保险补贴条件人员的缴费情况单独列出，向当地人力资源社会保障部门申请补贴。社会保险补贴申请材料包括：符合享受社会保险补贴条件的人员名单及《身份证》复印件、《就业失业登记证》复印件、劳动合同等就业证明材料复印件、社会保险征缴机构出具的社会保险费明细账（单）、企业（单位）在银行开立的基本账户等凭证材料，经人力资源社会保障部门审核后，财政部门将补贴资金支付到企业（单位）在银行开立的基本账户。

（二）对灵活就业的就业困难人员的社会保险补贴。我省就业困难人员灵活就业后申报就业并以个人身份缴纳社会保险费的，按不超过其实际缴费额的 1/2，其中，“4050”人员按不超过其实际缴费额 2/3 的标准给予社会保险补贴，但计算社会保险补贴的缴费基数不超过当地上年社平工资的 100%。具体标准由各州（市）财政和人力资源社会保障部门根据当地实际制定。社会保险补贴实行按季补贴，每季度终了后，上述灵活就业人员可凭由本人签字、人力资源社会保障部门盖章确认注明具体从事灵活就业的单位、岗位、地址、月收入等内容的证明材料，以及身份证、《就业失业登记证》、社会保险征缴机构出具的上季度社会保险费缴纳单据等凭证材料，向当地人力资源社会保障部门申请社会保险费补贴。经人力资源社会保障部门审核后，财政部门将补贴资金支付给申请者本人。

各州（市）要加强对灵活就业人员社会保险补贴的审核管理，灵活就业人员的月收入达到当地最低工资标准 150% 的，停止社会保险补贴。

（三）对小型微型企业新招用毕业年度高校毕业生的社会保险补贴。小型微型企业新招用毕业年度高校毕业生，签订 1 年以上劳动合同并按时足额缴纳社会保险费的，按其实际缴纳的基本养老保险费、基本医疗保险费和失业保险费给予 1 年的社会保险补贴（单位应缴纳部分）。政策执行期限截至 2014 年底。

企业（单位）按季将符合享受社会保险补贴条件人员的缴费情况单独列出，向当地人力资源社会保障部门申请补贴。社会保险补贴申请材料包括：符合享受社会保险补贴条件的人员名单及《身份证》复印件、《就业失业登记证》复印件、劳动合同等就业证明材料复印件、社会保险征缴机构出具的社会保险费明细账（单）、企业（单位）在银行开立的基本账户等凭证材料，经人力资源社会保障部门审核后，财政部门将补贴资金支付到企业（单位）在银行开立的基本账户。

第八条 公益性岗位补贴。对在公益性岗位安排就业困难人员就业的单位，按其实际安排就业困难人员人数给予岗位补贴。公益性岗位补贴期限，除对距法定退休年龄不足 5 年的就业困难人员可延长至退休外，其余人员最长不超过 3 年。

在公益性岗位安排就业困难人员就业的单位，可按季向当地人力资源社会保障部门申请公益性岗位补贴。公益性岗位补贴标准为当地最低工资标准的 50%—100%。具体标准由各州（市）财政和人力资源社会保障部门根据不同性质岗位的公益服务程度、服务时间确定。公益性岗位补贴申请材料包括：符合享受公益性岗位补贴条件的人员名单及《身份证》复印件、《就业失业登记证》复印件、发放工资明细账（单）、单位在银行开立的基本账户等凭证材料，经人力资源社会保障部门审核后，财政部门将补贴资金支付到单位在银行开立的基本账户。

第九条　扶持公共就业服务。县级以上财政每年可安排扶持公共就业服务资金，用于对下级公共就业服务机构加强其人力资源市场信息网络系统建设（具体包括计算机及网络硬件、软件购置以及开发应用支出）给予的补助。扶持公共就业服务资金作为就业专项资金的组成部分，必须单独安排、单独核算、单独管理，不得与其他就业专项资金相互调剂使用。

第十条　小额贷款担保基金和小额担保贷款贴息。中央财政和省级财政对地方小额贷款担保基金和小额担保贷款贴息的专项补助资金按国家和省的相关规定执行。

第十一条　就业见习补贴

对企业（单位）吸纳离校未就业高校毕业生参加就业见习的，省级财政按每人每月 500 元的标准给予补贴，当地财政和企业（单位）根据情况给予补贴，见习生活补贴不低于当地最低工资标准。就业见习人员见习期未满提前离岗的，累计见习未满半个月的发放 100 元就业见习补贴。

省级财政采取“当年拨付，次年结算”的办法核拨补助资金。当年内，省级财政根据省政府下达的各地高校毕业生就业见习任务拨付补贴资金，次年 1 月底前，各州（市）人力资源社会保障部门和财政部门应将资金结算报告，并附审核完毕的《云南省高校毕业生省级见习生活补助申报审核表》（附表 1）、见习高校毕业生生活补助费领取名册及省级见习生活补助资金拨付凭证的复印件，报省人力资源和社会保障厅、省财政厅审核后进行资金结算。州（市）补助资金不足部分，按规定从就业专项资金中列支。补助省级基地的资金，由省财政厅先将资金拨入省级财政专户，根据经省人力资源和社会保障厅审核后报送的经费申请报告，将资金拨付各基地。

第十二条　创业资金

创业资金主要用于全省“贷免扶补”工作经费、一次性创业补贴、补充小额贷款担保基金、补充创业培训补贴资金、创业项目库建设、创业项目评估补贴等支出。

（一）一次性创业补贴。

对享受“贷免扶补”政策首次创业成功并稳定1年以上的创业者，按照下列吸纳就业人数标准给予一次性创业补贴。其中：带动我省3至5人（含5人）就业，并签订劳动合同的，给予1000元的一次性创业补贴；带动我省6人以上就业，并签订劳动合同的，给予2000元的一次性创业补贴。对首次创业的大学生，再增加一次性创业补贴1000元。

创业人员申请创业补贴时需提交一次性创业补贴申请书、《身份证》《就业失业登记证》、工商营业执照、聘用人员的劳动合同，于每季度终了后10个工作日内将申请材料交工商登记所在地的人力资源社会保障部门，由同级人力资源社会保障部门受理后进行初审，符合条件的予以公示，公示7个工作日后，经财政部门复核后，在3个工作日内报上级人力资源和财政部门进行审核。州（市）人力资源和财政部门自收件之日起，5个工作日内提出意见并报省人力资源社会保障厅、省财政厅。

一次性创业补贴由省财政厅先将资金拨入省级财政专户，根据经省人力资源和社会保障厅审核后报送的经费申请报告，将资金拨付省人力资源和社会保障厅。由省人力资源和社会保障厅负责具体拨付工作。

（二）“贷免扶补”工作经费。

对承担具体创业帮扶的单位，每帮助1人成功创业给予1600元的工作经费，实行包干负责，用于项目评审、信用认定、贷款回收、宣传、工作人员业务培训、后续跟踪服务等与创业带动就业相关的工作经费。兑现到基层的工作经费应不低于90%。

“贷免扶补”工作经费的拨付按照年度预拨、余额考核的方式进行。年初按照省政府确定的年度目标任务预拨70%的工作经费，两年后，省人力资源和社会保障厅、省财政厅、省农村信用联合社对各承办单位目标任务完成情况以及还贷情况进行综合考核，对各单位申报工作经费材料进行汇总审核。结合承办单位还贷率考核标准拨付剩余30%工作经费。具体考核标准如下：

A类：平均还贷率≥96%的，全额拨付；

B类：96%＞平均还贷率≥90%的，扣减10%的工作经费；

C类：90%＞平均还贷率≥85%的，扣减20%的工作经费；

D类：85%＞平均还贷率的，扣减30%的工作经费。

对于未完成年度目标任务的承办单位，根据平均还贷率核算方式，计算已完成部分的剩余30%工作经费，并在拨付剩余工作经费时扣减未完成部分的已拨付的70%工作经费。

“贷免扶补”工作经费由省财政厅先将资金拨入省级财政专户，根据经省人力资源和社会保障厅审核后报送的经费申请报告，将工作经费拨付省级各业务承办单位，由省级各业务承办单位分系统向基层划拨。

（三）补充小额贷款担保基金、补充创业培训补贴资金、创业项目库建设及创业项目评估补贴等其他支出项目，根据创业工作实际情况和创业资金使用、结余情况等，经报请省政府批准后拨付使用。

第十三条　大学生创业示范园区奖补资金

对经省人民政府批准的大学生创业示范园，给予一次性奖励。奖励资金主要用于园区建设、项目服务和技术研发、公共费用支出等。

各地参加评选的大学生创业园区由各州（市）人力资源社会保障部门、财政部门负责推荐；各高校创办的大学生创业园由省教育厅负责推荐；科技园区、产业园区、工业园区内的大学生创业园向省人力资源和社会保障厅申报。申报截止时间为每年 10 月 31 日。省人力资源和社会保障厅、省财政厅组织有关方面专家组成评选专家组，对参加评选的候选对象申报材料进行评审，适时进行实地考察。评选结果按规定向社会进行公示，公示期为 5 个工作日。通过公示后，由省人力资源和社会保障厅、省财政厅联合上报省政府审批，经省人民政府批准同意后，评选认定为省级大学生创业示范园区。申报材料包括：省级大学生创业示范园区申报表（附表 2）；创业园区产地所有权证明、建筑面积证明；本校、本辖区及园区大学生创业优惠政策文件、资金安排文件及支出证明等相关材料复印件；入驻园区创业实体名册、创业实体基本信息以及执照副本原件及复印件、法定代表人身份证原件及复印件。

大学生创业示范园奖补资金，由省财政厅先将资金拨入省级财政专户，根据经省人力资源和社会保障厅审核后报送的经费申请报告，拨付各大学生创业示范园区。

第十四条　小额担保贷款工作经费

承办单位通过失业人员小额担保贷款每帮扶 1 人实现创业，按 500 元的标准安排小额担保贷款工作经费。工作经费主要用于项目评审、信用认定、贷款回收、宣传、工作人员业务培训、后续跟踪服务等与扶持创业带动就业相关的工作经费。兑现到基层的工作经费应不低于 90%。

小额担保贷款工作经费的拨付按照年度预拨、余额考核的方式进行。年初按照省政府确定的年度目标任务预拨 70% 的工作经费补助。两年后，由省人力资源和社会保障厅、省财政厅、有关金融机构对各承办单位目标任务完成情况以及还贷情况进行综合考核，对各单位申报工作经费材料进行汇总审核。结合承办单位还贷率考核标准拨付剩余30%工作经费补助。具体考核标准与“贷免扶补”工作经费一致。

小额担保贷款工作经费由省财政厅先将资金拨入省级财政专户，根据经省人力资源和社会保障厅审核后报送的经费申请报告，将资金拨付省人力资源和社会保障厅。由省人力资源和社会保障厅负责具体拨付工作。

第十五条　省级高技能人才振兴计划资金

省级高技能人才振兴计划资金按照云南省财政厅、云南省人力资源和社会保障厅下发的《云南省省级高技能人才振兴计划专项资金管理暂行规定》（云财社〔2013〕78号）执行。

第十六条　高校毕业生一次性求职补贴

对我省享受城乡居民最低生活保障家庭、3个藏区县和8个人口较少民族（独龙族、德昂族、基诺族、怒族、阿昌族、普米族、布朗族和景颇族）有就业意愿并积极求职的毕业年度高校毕业生，给予500元的一次性求职补贴。所需资金按规定列入就业专项资金支出范围。

按照属地管理原则，各高校要在高校毕业生离校前，组织符合条件的高校毕业生集中申请一次性求职补贴。申请材料包括：高校毕业生所在家庭享受城乡居民最低生活保障的证明、本人身份证件复印件、个人银行账户等。各高校要对申请材料进行初审，并将初审通过的申请补贴人员名单在校园内公示，公示时间不少于5个工作日。各高校将公示无异议的申请补贴人员名单及申请材料汇总报送高校所在州、市级人力资源社会保障部门。州（市）人力资源社会保障部门应及时对申请材料进行审核，审核通过后将补贴发放人员名单报送同级财政部门。财政部门将补贴资金支付到高校毕业生在银行开立的个人账户。

第十七条　万名高校毕业生走出去就业奖补资金

万名高校毕业生走出去就业奖补资金的申请和拨付按相关规定执行。

第十八条　高校招聘活动的专项补助

2013—2017 年，省财政安排专项资金，对高校开展的校园招聘活动给予补助，具体使用和管理按相关规定执行。

第三章　预决算和账户管理

第十九条　预算管理。各级人力资源社会保障部门要根据财政部门规定的预算编制要求，向同级财政部门申请就业专项资金年度预算，经同级财政部门审核后列入年度财政预算并报同级人民代表大会批准。要建立健全预算执行责任制，按规定及时审核和拨付资金，强化预算执行分析，加快预算执行进度，提高预算执行的均衡性。

第二十条　决算管理。各级人力资源社会保障部门在年度终了后，要认真做好就业专项资金的清理和对账工作，并按规定向同级财政部门报送就业专项资金的年度资金使用情况和说明，就业专项资金使用情况说明要做到内容完整、数据真实、报送及时。各级财政、人力资源社会保障部门要将审核汇总后的就业专项资金年度决算及时报送上级财政、人力资源社会保障部门。

第二十一条　账户管理。各级财政部门应结合地方实际，按有关规定加强就业专项资金的账户管理，确保就业专项资金使用安全。用款单位向财政部门报送经费申请报告时，应附《就业专项资金申请表》（附表 3）。

第四章　监督管理

第二十二条　各州（市）财政、人力资源社会保障部门要定期对就业专项资金管理使用情况进行检查，自觉接受监查、审计等部门的检查和社会的监管，建立健全财务管理规章制度，强化内部财务管理和审计监督，要建立和完善就业专项资金发放台账，进一步加强资金使用管理的基础工作，要加强信息系统建设，有效甄别享受补贴政策人员、单位的真实性，防止出现造假行为。对虚报、套取、私分、挪用各种补贴资金等行为的单位和个人，一经发现按有关规定严肃处理，对审核不严，违规操作的，按有关规定追究相关部门、单位和个人的责任。对在中央和省有关部门检查中发现有违规问题的地区，将相应扣减补助资金。

第五章　附　则

第二十三条　各州（市）可根据本办法规定，结合本地实际制定具体实施办法，并报省财政厅、省人力资源和社会保障厅备案。

第二十四条　省财政厅、省人力资源和社会保障厅已经发布的有关就业专项资金管理的相关规定，如与本办法规定不一致的，以本办法为准。

第二十五条　本办法自印发之日起施行。

附表一　云南省高校毕业生省级见习生活补助申报审核表（略）

附表二　省级大学生创业示范园申报表（略）

附表三　就业专项资金申请表（略）

云南省住房和城乡建设厅关于印发云南省推进公共租赁住房分配管理运营工作试点方案的通知

（云建保〔2015〕665号　2015年12月31日）

各州、市人民政府，省直有关部门：

《云南省推进公共租赁住房分配管理运营工作试点方案》已经省人民政府同意，现印发给你们，请认真贯彻落实。

附件：云南省推进公共租赁住房分配管理运营工作试点方案

云南省推进公共租赁住房分配管理运营工作试点方案

按照《住房城乡建设部与云南省委省政府会谈纪要》（建会〔2015〕6号）要求，为认真贯彻落实中央城市工作会议精神，加快推进全省公共租赁住房分配管理和运营工作，切实提高分配入住率，制定本试点方案。

一、总体要求

认真贯彻落实习近平总书记系列重要讲话精神，按照公开、公平、公正的原则，积极探索完善公共租赁住房分配管理运营政策措施，发挥公共租赁住房保障和改善民生的重大作用，不断提高公共租赁住房分配管理水平，进一步改善群众住房条件，实现住房保障事业可持续发展。

二、工作原则

（一）降低门槛。各地要制定符合实际的公共租赁住房准入条件和标准，将包括农业转移人口在内的更多住房困难群体纳入住房保障范围，有效扩大住房保障覆盖面，充分发挥住房保障的社会效应。

（二）规范管理。严格贯彻落实《公共租赁住房管理办法》（住房城乡建设部令第11号），进一步规范分配管理运营机制，完善配套设施，提高分配效率，增强持续运营能力。

（三）下放权限。结合各地城镇化进程、经济发展水平、房地产市场现状、住房保障成效等差异化实际，强化分类指导，适当下放管理权限，鼓励各地因地制宜、因城施策，建立健全管理办法和政策措施。

三、主要内容

（一）放宽准入条件。

1. 各地公共租赁住房准入标准中关于人均住房面积、家庭人均收入等具体条件，由州、市、县、区人民政府根据国家有关规定，结合本地区实际制定。

2. 各地要将在城镇稳定就业和生活的农业转移人口纳入公共租赁住房保障范围，针对农业转移人口制定申请公共租赁住房办法，促进农业转移人口市民化。

3. 在优先保障低收入和中等偏下收入住房困难人群的基础上，可将公共租赁住房提供给受灾群众、棚户区（含危房）改造居民、搬迁移民、国家重点项目房屋被征收对象等群体作为临时过渡安置住房。

（二）完善配套设施。

1. 各地要做好在建或已建成公共租赁住房项目的摸底排查，积极安排预算资金并统筹各类补助资金用于配套基础设施建设，确保在建项目加快建设进度，已建成项目尽快交付使用。

2. 省级有关部门要进一步加强与国家有关部委的汇报衔接，争取更多中央补助资金和支持力度，并积极协调国家开发银行、农业发展银行等银行金融机构加大对公共租赁住房配套基础设施建设贷款支持力度。

3. 建立健全城市基础设施建设财政投入与价格补偿统筹协调机制，大力推广政府购买服务、政府与社会资本合作（PPP）等模式，引导社会资本参与公共租赁住房配套基础设施建设。

（三）提高分配效率。

1. 各地要建立公共租赁住房管理和日常服务机构，实现申请、审核、分配、管理常态化和规范化。有条件的地区可引入社会中介服务机构，提高分配效率。

2. 公共租赁住房申请人提出申请后，由当地住房城乡建设（住房保障）部门及时协调相关部门进行联审并在申请人员工作或居住所在地公示，联审、公示无异议或异议不成立的及时配租，具体程序由各州、市、县、区人民政府按照有关规定确定。申请审核材料由各州、市、县、区住房城乡建设（住房保障）部门牵头相关部门结合当地实际确定。

3. 各地要建立公共租赁住房预分配制度，编制配租方案并提前启动在建公共租赁住房分配工作，有效衔接项目建设与分配入住。建设周期较长的项目中符合竣工验收条件且满足入住条件的单体工程，由建设单位组织参建单位进行竣工验收，有关行政主管部门要给予积极支持，验收合格的可先交付使用，并依法向建设行政主管部门备案。

4. 各地政府部门、企事业单位和工会组织可组织并代表符合条件的职工统一申请公共租赁住房。

（四）完善租赁政策。

1. 各州、市、县、区人民政府要在结合本地住房市场租金水平的基础上合理确定公共租赁住房租金，实行差别化租赁政策，细化分级定租、分级定补机制，可适当下浮租金收取标准或减免租金，减免资金和补贴资金差额列入当地财政预算支出。

2. 承租人可凭公共租赁住房租赁合同和租金缴纳证明，按照实际租金支出，提取个人住房公积金用于支付公共租赁住房租金。

（五）创新运营管理。

1. 公共租赁住房小区纳入属地社区管理服务范围，社会管理服务职能部门、社会组织要积极支持和参与公共租赁住房小区管理服务。积极推进政府基本公共服务、商业便民利民服务和居民支援互助服务等向公共租赁住房小区延伸，提高小区物业服务和管理水平。

2. 政府投资建设的公共租赁住房可以由产权所有单位自主运营管理或成立专业化管理公司管理，也可以通过社会购买服务方式，委托专业化服务机构进行运营管理。鼓励社会资本通过独资或政府与社会资本合作模式参与公共租赁住房运营管理。允许社会资本通过招投标、拍卖、挂牌等方式购买公共租赁住房资产，政府在必要时可以实行回购。

3. 各地可以通过公共租赁住房预期收益和产权质押贷款方式，向银行业金融机构申请公共租赁住房物业运营贷款，盘活现有存量资产。鼓励公共租赁住房产权所有单位采用资产证券化等方式，运用项目收益票据、资产支持票据、售后回购、基金等手段，多方筹集建设和运营资金。

4. 推进公共租赁住房货币化。从2016年起，各地原则上不再新建公共租赁住房，大力推行货币化保障方式。确有需求的地区采取通过市场筹集房源，政府向符合条件的住房保障对象发放租赁补贴的方式解决。

四、保障措施

（一）加强组织领导。各州市人民政府是公共租赁住房分配试点工作的责任主体，要完善工作机制，抓好组织实施。各县市区人民政府是公共租赁住房分配试点工作的实施主体，要切实抓好工作落实，确保按时、按质、按量完成各年度目标任务。各级住房城乡建设部门要认真履行职责，加强与有关部门的协同配合，共同推进工作，形成纵向联动、横向互动的工作机制。

（二）强化监督考核。由省住房城乡建设厅会同省级有关部门定期开展监督检查，及时通报各地试点工作进展。从2016年起，要把公共租赁住房分配入住情况列入各级政府重要议事日程，明确工作目标和责任，加强考核评估。对工作成绩突出的，予以表扬；对不认真履职，导致工作推进缓慢、造成不良影响的，启动问责机制严肃问责。

（三）加大宣传引导。各地、各有关部门要加大对公共租赁住房分配试点工作的宣传力度，通过广播、电视、报刊、互联网等各类媒体，及时发布、准确解读政策措施，认真总结推广经验，为推动公共租赁住房分配试点工作营造良好的社会氛围。

云南省人力资源和社会保障厅 云南省发展改革委等七部门关于在化解钢铁煤炭行业过剩产能实现脱困发展过程中做好职工安置工作的实施意见

（云人社发〔2016〕230号　2016年8月5日）

各州（市）人力资源和社会保障局、发展改革委、工业和信息化委、财政局、民政局、国资委、总工会，有关省属企业：

为认真贯彻党中央、国务院和省委、省政府推动供给侧结构性改革及化解过剩产能工作的决策部署，扎实稳妥做好化解钢铁、煤炭行业过剩产能实现脱困发展过程中的职工安置工作，根据《人力资源社会保障部　国家发展改革委等七部门关于在化解钢铁煤炭行业过剩产能实现脱困发展过程中做好职工安置工作的意见》（人社部发〔2016〕32号）精神，经省人民政府同意，提出以下实施意见。

一、做好职工分流安置工作

（一）支持企业通过转型转产、脱困升级、兼并重组等方式，拓展就业空间，多渠道分流安置富余人员。对企业为促进职工转岗安置或技能提升开展的职业培训给予培训补贴，补贴标准按省就业补助资金管理办法执行，所需资金从就业补助资金中列支；对按时足额缴纳失业保险费的企业，还可按规定从失业保险基金中给予一次性培训补助。

（二）对按时足额缴纳失业保险费、不裁员或少裁员的企业，按规定给予稳岗补贴，补贴标准为企业及其职工上年度实际缴纳失业保险费总额的50%。具体办法按照省人力资源和社会保障厅，省财政厅、省发改委、省工信委《关于失业保险支持企业稳定岗位有关问题的通知》（云人社发〔2015〕16号）规定执行，所需资金从失业保险基金中列支。

（三）对依法与企业解除、终止劳动关系的失业人员，企业要引导并配合其到当地公共就业服务机构及时办理就业失业登记。当地公共就业服务机构要把持有《就业创业证》的失业人员纳入就业创业政策扶持对象范围，免费提供就业指导、职业介绍、政策咨询等服务。失业人员参加职业培训的给予培训补贴，其中，就业困难人员培训期间可从就业补助资金中给予500元的一次性生活费补助。对拟分流安置人员在50人以上的，公共就业服务机构要举办专场招聘活动。

（四）对依法与企业解除、终止劳动关系并有创业意愿的失业人员，当地公共就业服务机构要有针对性地提供创业培训、创业指导、项目咨询和跟踪服务；对申请创业政策扶持的，可优先安排入驻各类创业园孵化和提供创业担保贷款扶持；对领取失业保险金期间创业的失业人员，可按规定从失业保险基金中给予3000元的一次性创业补贴。

（五）对钢铁、煤炭过剩产能企业较为集中、就业门路窄的地区及资源枯竭地区、独立矿区，依法与企业解除、终止劳动关系的就业困难人员，到户籍所在地以外地区实现就业创业的，凭劳动合同或工商注册登记，可从就业补助资金中给予500元的一次性交通补贴。

（六）各级人力资源和社会保障部门要采取切实有效措施，加大公益性岗位开发力度，按照公益性岗位开发管理要求，优化公益性岗位人员结构。新增的公益性岗位，要优先安置化解过剩产能中符合条件的就业困难人员，并按规定给予公益性岗位补贴和社会保险补贴。

二、妥善处理劳动关系

（七）各地要指导督促企业按照有关法律、法规和政策制定职工安置方案。职工安置方案制定过程中，企业要依法履行民主程序，充分听取职工、主管部门和当地人力资源和社会保障部门的意见。职工安置方案应明确涉及职工情况、劳动关系处理、经济补偿支付、偿还拖欠职工工资、补缴欠缴社会保险费、促进就业等内容。职工安置方案应按规定经职工代表大会或全体职工讨论通过后公布实施并报当地人力资源和社会保障部门备案。对职工安置方案不完善，资金保障不到位以及职工安置方案未经职工代表大会或全体职工讨论通过的，不得实施。

（八）对分流到兼并重组企业，经协商一致变更劳动合同约定内容的，兼并重组企业应及时与职工签订变更协议，经双方签字或盖章后作为原劳动合同的补充。符合内退条件选择内部退养的人员，在决定内部退养后，应及时签订内部退养协议，内部退养协议作为原劳动合同变更的补充要件。

（九）企业使用劳务派遣人员的，应根据法律、法规、规章、规定及《劳务派遣协议》约定，在企业职工安置方案中明确劳务派遣人员的留用、退回等有关问题。

三、做好职工社会保障工作

（十）距法定退休年龄 5 年之内、再就业有困难的，在职工自愿选择、企业同意并签订协议后，可以实行内部退养。符合内部退养条件，选择预留社会保险费和生活费的人员，基本养老保险费缴纳基数每年按不低于上年度全省在岗职工平均工资的60%确定，基本医疗保险费缴纳基数每年按不低于上年度统筹地区在岗职工平均工资的60%确定。

（十一）企业主体消亡前应根据内退人员数量、平均工资增长率等因素，逐人逐年测算，一次性预留出为其缴纳至法定退休年龄的基本养老、基本医疗保险费和生活费，由州（市）人民政府指定的机构代发和代扣代缴。内退人员达到退休年龄时，由政府指定的机构为其正式办理退休手续，退休后实行社会化管理。社会化管理费用（包括移交成本费用）和政府指定的机构对企业主体消亡的人员管理所需经费由同级财政列入预算保障，省级财政按规定给予适当补助。

（十二）欠缴社会保险费的企业应积极筹措资金，按规定补缴拖欠的社会保险费。对实施化解过剩产能前已达到法定退休年龄的人员，因企业、个人欠缴社会保险费未按时办理退休手续的，可将涉及该职工个人缴费和单位缴费部分一次性缴清后，社保经办机构按规定办理相关手续。对实施化解过剩产能前已达到法定退休年龄并办理了退休手续的人员，无论企业是否欠缴医疗保险费，都要保障其基本医疗保险住院待遇；企业补缴大病保险费后，按规定享受相关待遇。

（十三）已纳入工伤保险统筹的工伤人员，社保经办机构要按规定做好工伤待遇兑现工作；对企业主体消亡已纳入统筹的，参保地社保经办机构要实现长期待遇社会化发放，确保工伤职工及供养亲属待遇落实。对企业自行管理的老工伤人员，依据国家和我省规定及时纳入工伤统筹，并按照规定清算相关费用。

（十四）选择领取经济补偿金的人员，企业主体消亡前应按规定为其办理社会保险关系转移手续，企业主体消亡后的存档单位要做好档案管理工作；重新就业的，新就业单位要为其及时办理参保缴费、社会保险关系转移接续手续。

四、统筹协调推进工作

（十五）企业应当支付的一次性经济补偿金、工伤一次性就业补助金、拖欠工资和欠缴的社会保险费、预留社会保险费和生活费等费用，由企业、企业所属集团公司、兼并重组企业筹集资金解决。因破产等原因无企业主体并无出资控股的，企业以破产财产变现、处置国有划拨土地使用权所得、土地出让金、企业主管部门筹集等方式筹集的资金应优先用于职工安置。中央和地方财政安排的专项奖补资金，主要用于解决钢铁、煤炭行业化解过剩产能职工安置问题，具体办法按财政部《工业企业结构调整专项奖补资金管理办法》（财建〔2016〕253 号）和我省实施办法执行。

（十六）各州（市）政府要切实履行好组织领导责任，把化解钢铁、煤炭行业过剩产能职工安置工作纳入改革整体方案，并负责组织实施。发改、工信部门为钢铁、煤炭行业化解过剩产能工作的牵头部门，协调推进化解钢铁、煤炭行业过剩产能职工安置相关工作；财政部门负责用于职工安置资金的测算拨付；人力资源和社会保障部门负责指导企业制定职工安置方案，督促企业落实职工安置政策，开展就业服务，落实社会保险待遇；民政部门负责将符合条件的化解过剩产能人员纳入最低生活保障范围；国资部门负责国有企业化解过剩产能职工安置工作的组织实施；工会组织负责督促企业厂务公开，落实职工代表大会职权，保障职工的知情权、参与权、表达权和监督权；涉及企业要切实履行职工安置的主体责任，细化实化职工安置方案，落实职工安置政策，妥善安置好不同类型的人员。

（十七）各级人力资源和社会保障部门要切实摸清企业及职工基本信息，跟踪了解职工分流安置、再就业帮扶和就业创业等情况，及时将企业及职工信息录入人力资源和社会保障部开发的“化解过剩产能企业职工信息系统”，实时动态更新。

（十八）各级人力资源和社会保障部门要有针对性地组织职业培训，实施“化解过剩产能企业职工特别职业培训计划”。对依法与企业解除、终止劳动合同的失业人员，要普遍开展就业技能培训和创业培训；对长期停产和过剩产能企业的拟分流和转岗职工，要普遍开展岗位技能提升培训和创业培训。要广泛动员各级技工院校、职业院校和职业培训机构，参与困难企业职业培训工作。

本实施意见适用于在化解钢铁、煤炭行业过剩产能和脱困升级过程中经省人民政府确定的企业及企业分流安置的职工。除政策另有规定外，实施期限暂定为2016年至2020年。

云南省总工会关于印发《云南省工会困难职工专项帮扶资金使用管理办法》的通知

（云工通〔2016〕21号　2016年7月8日）

各州、市总工会，省级产业、厅、局（公司）工会：

为进一步规范我省工会困难职工专项帮扶资金的使用和管理，现将《云南省工会困难职工专项帮扶资金使用管理办法》印发给你们，请遵照执行。

云南省工会困难职工专项帮扶资金使用管理办法

第一条　为加强我省困难职工专项帮扶资金（以下简称帮扶资金）管理，提高资金使用效能，确保资金规范安全运行，依据《财政部关于印发〈困难职工帮扶中心专项资金管理办法〉的通知》（财建〔2006〕468号）和《中华全国总工会关于印发〈中央财政专项帮扶资金使用管理办法〉的通知》（总工发〔2015〕20号）的规定，结合我省实际，制定本办法。

第二条　本办法所指帮扶资金是指全省各级工会用于开展帮扶工作的专项资金（含送温暖资金）。

帮扶资金专款专用，任何单位和个人不得截留、挤占、挪用。对于违反本办法规定的，追回违规资金的同时视情节轻重给予通报批评、核减下年度帮扶资金，情节严重的同时取消工会年度考核评优资格。对于违法违纪的，交相关部门依法依纪进行处理。

第三条　帮扶资金的禁止列支项目

帮扶资金不得用于：支付帮扶中心工作人员工资或办公经费；发放各种奖金、津贴和福利补助；购买车辆、手机等交通工具和通讯设备；帮扶中心基本建设投资；其他与困难职工群体帮扶无关的支出。

第四条　帮扶资金的来源

（一）中央财政拨付的帮扶资金；

（二）各级财政配套拨付的帮扶资金；

（三）各级工会投入的帮扶资金；

（四）社会各界捐助的帮扶资金；

（五）帮扶资金专户的利息收入及其他合法来源。

第五条　帮扶资金使用的原则

（一）依档帮扶：各级工会要按要求建立困难职工档案，坚持“先建档、后帮扶、实名制”原则。对于临时救助和应急救助等特殊情况要在帮扶后补充建立困难职工档案。

（二）实名制帮扶：帮扶资金的使用和发放必须坚持实名制原则，使用银行卡发放的将银行对账单存档备查，特殊情况使用现金发放的应将困难职工实名制签字表存档备查。

（三）分类使用：根据帮扶资金不同来源确定帮扶资金的使用对象。中央财政帮扶资金用于对工会帮扶工作管理系统（以下简称帮扶系统）在档的困难职工进行生活救助、医疗救助、子女助学、法律援助、职业培训、职业介绍等帮扶项目；省财政帮扶资金除可用于帮扶系统在档困难职工的帮扶以外，还可用于省总工会开展困难职工项目化帮扶和按照省委、省政府要求进行的应急救助以及意外灾害和突发事件中困难职工的帮扶救助；其他来源帮扶资金在坚持帮扶资金使用原则的基础上，可由各级工会结合实际确定资金的帮扶范围和标准，可用于帮扶中央财政和省财政帮扶资金未能覆盖但确需帮扶的困难职工。

第六条　帮扶资金的使用对象

（一）家庭月人均收入低于当地最低生活保障线，经政府救助后仍生活困难的职工家庭以及家庭人均收入低于当地最低生活保障线但尚未纳入最低生活保障的困难职工家庭。

（二）家庭月人均收入虽略高于当地最低生活保障线（低保线上浮 50% 以内），但由于本人或主要家庭成员患病、子女上学、残疾、单亲及其他特殊原因造成生活困难的职工家庭。

（三）因职工本人或主要家庭成员遭遇突发事件、意外伤害、重大疾病或其他特殊原因导致生活困难的职工家庭，且家庭月人均收入在当地最低生活保障线 3 倍以内（含 3 倍）的。

（四）不在帮扶系统内但符合各级工会本级建档标准的困难职工。

全省各级工会对于符合（一）、（二）、（三）项条件的困难职工必须按照省总工会要求建立困难职工档案并录入帮扶系统。各级工会对于帮扶系统以外困难职工结合实际制订建档标准并建立本级困难职工档案。

本办法所指职工包括加入工会组织的农民工。

第七条　帮扶资金的使用标准

（一）中央财政帮扶资金的使用标准：

生活救助每户每年不得超过困难职工建档地低保标准的年度总和；

医疗救助每户每年不得超过上年度或者当年度医疗费用个人自付部分，其中参加我省职工医疗互助活动的困难职工帮扶标准不得超过每户每年 1 万元，未参加职工医疗互助活动的困难职工帮扶标准不得超过每户每年 3 万元。

助学救助每生每年不得超过该生所在学校十个月基本生活费用的总和；

法律援助主要用于援助困难职工的诉讼和律师费用支出，补贴标准执行当地司法行政部门制定的法律援助标准；

用于职业培训、职业介绍的资金，执行当地政府人力资源和社会保障部门制定的同类工种标准。同时须参照中华全国总工会《关于使用中央财政专项帮扶资金开展职业培训相关问题的通知》（工保字〔2014〕14 号）的有关要求执行。

（二）省财政、省总工会配套资金的使用标准：省财政、省总工会配套帮扶资金的使用标准，原则上参照中央财政帮扶资金救助标准，用于专项帮扶项目的经省总工会党组集体研究后，确定救助对象和标准。

（三）其他帮扶资金的使用标准：其他帮扶资金可以按照当地政府、工会有关制度、政策规定及捐赠者意愿，确定资金的使用范围，对于不在帮扶系统内的困难职工，每户每年帮扶标准原则上不得超过帮扶系统在档困难职工的帮扶标准。

第八条　帮扶资金的发放

（一）中央财政、省财政、省总工会配套帮扶资金的使用采取非现金支付形式。用于困难职工生活救助、医疗救助、子女助学的，通过职工银行卡或者会员服务卡发放。相关工会组织应及时将帮扶项目、金额和发放时间通知困难职工家庭，并将银行对账单存档备查，用于其他帮扶项目的，采取银行转账方式结算，属于政府采购范围的，执行政府采购有关规定。帮扶信息必须在 30 个工作日内录入工会帮扶工作管理系统，并上报至省总工会。

（二）其他来源的帮扶资金使用原则上应采取非现金形式。因实际情况需要使用现金发放的，必须使用省总工会统一规范的实名制表格进行发放，并分别在保障部门、财务部门存档备查。

第九条　帮扶资金的使用期限

中央财政、省财政帮扶资金必须在本年度内使用完毕，不得结转下年度。其他来源的帮扶资金如无特殊要求可以结转使用。

第十条　帮扶资金的预、决算

帮扶资金的预算、决算按照全国总工会预算管理办法要求执行，纳入县以上工会预算、决算统一管理。各州、市总工会和产业、厅、局（公司）工会每年度按省总要求上报预算、决算统计报表。

第十一条　帮扶资金的财务管理

（一）具有独立法人资格的困难职工帮扶中心应单独设立银行账户，实行独立核算。暂时不能单独设立账户的，财务收支账目由本级工会财务部门统一管理。

（二）帮扶资金实行单独核算、专账管理、专款专用。核算单位应当按照工会会计制度要求设置会计科目，建立总账、明细账和其他辅助台账。帮扶资金收支要按年度、项目、资金类别等明细分类核算。保障部门或帮扶中心等经办部门报账时，应注明资金开支项目及列支渠道。

（三）帮扶资金科目设置原则

中央财政部资金本级使用的列入“维权支出/困难职工帮扶费”，拨付下级工会的列入“补助下级支出/帮扶补助”；各级财政、各级工会帮扶资金本级使用的列入“维权支出/送温暖费”，拨付下级工会的列入“补助下级支出/送温暖补助。各级工会应根据帮扶资金的来源及性质在一级科目的基础上分设多级科目。

第十二条　帮扶资金的监督

（一）保障部门负责制定困难职工建档和帮扶标准，编制帮扶资金分配和使用方案，对帮扶资金的管理使用进行指导督查。帮扶中心（站）负责建立和管理困难职工档案，开展具体帮扶活动。

（二）财务部门负责帮扶资金接收、拨付等财务管理工作，规范会计核算，加强财务指导和检查。

（三）经审部门负责帮扶资金管理使用的审计监督。

（四）帮扶资金监管实行分级负责制。省总工会保障部门、财务部门、经审等部门要实行联合检查制度，定期不定期开展帮扶资金专项检查。全省各级工会每年应对上年度帮扶资金使用情况进行自查，并向上一级工会上报自查报告。各州、市总工会在抓好本级帮扶资金自查的同时，对县级工会帮扶资金管理使用情况负有指导、监督责任，每年抽查面不少于30%。

第十三条 县级以上总工会应根据本办法的规定，结合本地实际，制定具体实施细则，细化具体建档标准和程序、帮扶资金使用发放审批程序等，并报上一级工会备案。

第十四条 本办法自下发之日起执行，《云南省工会困难职工帮扶资金使用管理办法》（云工办〔2009〕38号）、《云南省总工会关于省财政拨付困难职工拨付专项资金使用管理实施办法》（云工办〔2007〕36号）同时废止。

第十五条 本办法由云南省总工会负责解释。

云南省学生资助政策介绍

一、研究生资助政策

（一）国家奖学金。

政策依据：《财政部 教育部关于印发〈研究生国家奖学金管理暂行办法〉的通知》（财教〔2012〕342号）。

为发展中国特色研究生教育，促进研究生培养机制改革，提高研究生培养质量，根据《国家中长期教育改革和发展规划纲要（2010—2020年）》和财政部、教育部印发《研究生国家奖学金管理暂行办法〔2012〕342号文》，做好研究生国家奖学金工作，制定本办法。

研究生国家奖学金基本申请条件：

1. 热爱社会主义祖国，拥护中国共产党的领导；

2. 遵守宪法和法律，遵守高等学校规章制度；

3. 诚实守信，道德品质优良；

4. 学习成绩优异，科研能力显著，发展潜力突出。

博士研究生国家奖学金奖励标准为每生每年3万元；硕士研究生国家奖学金奖励标准为每生每年2万元。

（二）省政府奖学金。

政策依据：《云南省财政厅　云南省教育厅关于印发云南省研究生学

业奖学金　助学金管理三个暂行办法的通知》（云财教〔2013〕369号）。

为激励云南省研究生勤奋学习、努力进取，在德、智、体、美等方面得到全面发展，根据《财政部　教育部关于印发〈研究生国家奖学金管理暂行办法〉的通知》（财教〔2012〕342号），设立研究生省政府奖学金。为做好研究生省政府奖学金工作，制定本办法。

省政府奖学金的基本申请条件：

1. 热爱社会主义祖国，拥护中国共产党的领导；

2. 遵守宪法和法律，遵守高等学校规章制度；

3. 诚实守信，道德品质优良；

4. 在校期间学习成绩优异，科研能力显著，发展潜力突出。

研究生省政府奖学金由省政府出资设立，用于奖励普通高等学校中表现优异的全日制在校研究生。研究生省政府奖学金全省每年奖励名额为900名，奖金共计1000万元。其中，博士研究生100名，硕士研究生800名。

博士研究生省政府奖学金奖励标准为每生每年2万元。硕士研究生省政府奖学金奖励标准为每生每年1万元。

（三）研究生学业奖学金。

政策依据：《云南省财政厅　云南省教育厅关于印发云南省研究生学业奖学金　助学金管理三个暂行办法的通知》（云财教〔2013〕369号）。

为激励研究生勤奋学习、潜心科研、勇于创新、积极进取，在全面实行研究生教育收费制度的情况下更好地支持研究生顺利完成学业，根据《财政部　国家发展改革委　教育部关于完善研究生教育投入机制的意见》（财教〔2013〕19号）精神以及《财政部　教育部关于印发研究生学业奖学金管理暂行办法》的通知（财教〔2013〕219号），从2014年秋季学期起，设立研究生学业奖学金。

本办法所称研究生是指我省高校纳入本省研究生招生计划的全日

制研究生。获得奖励的研究生须具有中华人民共和国国籍。

研究生学业奖学金由高校负责组织实施。高校应按规定统筹利用财政拨款、学费收入、社会捐助等，奖励支持表现良好的研究生更好地完成学业。

高校应根据研究生收费标准、学业成绩、科研成果、社会服务以及家庭经济状况等因素，确定研究生学业奖学金的覆盖面、等级、奖励标准和评定办法（可分档设定奖励标准），报财政厅、教育厅备案。

研究生学业奖学金标准不得超过同阶段研究生国家奖学金标准的60%。研究生学业奖学金名额分配应向基础学科和国家亟需的学科（专业、方向）倾斜。高校应根据实际情况，对研究生学业奖学金覆盖面、等级和奖励标准进行动态调整。

研究生学业奖学金基本申请条件：

1. 热爱社会主义祖国，拥护中国共产党的领导；

2. 遵守宪法和法律，遵守高等学校规章制度；

3. 诚实守信，品学兼优；

4. 积极参与科学研究和社会实践。

（四）研究生助学金。

政策依据：《云南省财政厅　云南省教育厅关于印发云南省研究生学业奖学金　助学金管理三个暂行办法的通知》（云财教〔2013〕369号）。

为完善研究生奖助政策体系，提高研究生待遇水平，根据《财政部　国家发展改革委　教育部关于完善研究生教育投入机制的意见》（财教〔2013〕19号）精神以及《财政部　教育部关于印发研究生国家助学金管理暂行办法》的通知（财教〔2013〕220号）。2014年秋季学期起，研究生普通奖学金调整为研究生国家助学金。

研究生国家助学金用于资助我省普通高等学校纳入国家研究生招

生计划的所有全日制研究生（有固定工资收入的除外），补助研究生基本生活支出。获得资助的研究生须具有中华人民共和国国籍。

研究生国家助学金由中央财政和地方财政共同出资设立。我省高校研究生国家助学金所需资金，由中央财政与地方财政按 8∶2 比例分担办法共同承担。地方财政承担的 20% 部分，涉及省属高校的，由省财政承担；涉及州（市）属高校的，由州（市）财政列入预算安排。

博士研究生资助标准每生每年 10000 元，硕士研究生资助标准不低于每生每年 6000 元。

省财政厅会同省教育厅建立研究生国家助学金资助标准动态调整机制，根据经济发展水平和物价变动情况，适时调整资助标准。

二、本专科学生资助政策

（一）国家奖学金。

政策依据：《财政部　教育部关于印发〈普通本科高校高等职业学校国家奖学金管理暂行办法〉的通知》（财教〔2007〕90 号）。

为了激励普通本科高校、高等职业学校和高等专科学校学生勤奋学习、努力进取，在德、智、体、美等方面全面发展，中央政府出资设立国家奖学金，奖励特别优秀的二年级以上（含二年级）的全日制普通高校本专科（含高职、第二学士学位）在校生。

申请国家奖学金的学生需要具备的基本条件有：

（1）热爱社会主义祖国，拥护中国共产党的领导；

（2）遵守宪法和法律，遵守学校规章制度；

（3）诚实守信，道德品质优良；

（4）在校期间学习成绩优异，社会实践、创新能力、综合素质等方面特别突出。

国家奖学金的奖励额度是每人每年 8000 元。全国每年奖励 5 万名。

（二）国家励志奖学金。

政策依据：《财政部　教育部关于印发〈普通本科高校高等职业学校国家励志奖学金管理暂行办法〉的通知》（财教〔2007〕91 号）。

为激励普通本科高校、高等职业学校家庭经济困难学生勤奋学习、努力进取，在德、智、体、美等方面全面发展，中央和地方政府共同出资设立国家励志奖学金，奖励资助品学兼优、家庭经济困难的二年级以上（含二年级）的全日制普通高校本专科（含高职、第二学士学位）在校生。

申请国家励志奖学金的学生需要具备以下基本条件：

（1）热爱社会主义祖国，拥护中国共产党的领导；

（2）遵守宪法和法律，遵守学校规章制度；

（3）诚实守信，道德品质优良；

（4）在校期间学习成绩优秀；

（5）家庭经济困难，生活俭朴。

国家励志奖学金的奖励标准为每人每年 5000 元。全国每年奖励资助的学生约占全国高校在校学生总数的 3%。

（三）国家助学金。

政策依据：《财政部　教育部关于印发〈普通本科高校高等职业学校国家助学金管理暂行办法〉的通知》（财教〔2007〕92 号）。

国家助学金是由中央与地方政府共同出资设立的助学项目，主要用于资助家庭经济困难的全日制普通高校本专科（含高职、第二学士学位）在校学生的生活费用开支。

申请国家助学金的学生需要具备以下基本条件：

（1）热爱社会主义祖国，拥护中国共产党的领导；

（2）遵守宪法和法律，遵守学校规章制度；

（3）诚实守信，道德品质优良；

（4）勤奋学习，积极上进；

（5）家庭经济困难，生活俭朴。

国家助学金的全国平均资助标准为每人每年3000元，我省结合实际情况，划分为两档，一等助学金3500元/人·学年，二等助学金2500元/人·学年）。

（四）省政府奖学金。

政策依据：《云南省财政厅　云南省教育厅关于印发〈云南省普通本科高校高等职业学校省政府奖学金管理暂行办法〉的通知》（云财教〔2009〕242号）。

省政府奖学金由省政府出资设立，用于奖励高校全日制本专科（含高职、第二学士学位）学生中特别优秀的学生。

申请省政府奖学金的学生需要具备以下条件：

（1）热爱社会主义祖国，拥护中国共产党的领导；

（2）遵守宪法和法律，遵守学校规章制度；

（3）诚实守信，道德品质优良；

（4）在校期间学习成绩优异，社会实践、创新能力、综合素质等方面特别突出。

省政府奖学金每年预算为600万元，每年奖励1000名学生，奖励标准为每生每年6000元。

（五）省政府励志奖学金。

政策依据：《云南省财政厅　云南省教育厅关于印发〈云南省普通本科高校高等职业学校省政府励志奖学金管理暂行办法〉的通知》（云财教〔2009〕241号）。

省政府励志奖学金由省政府出资设立，用于奖励资助高校全日制本专科（含高职、第二学士学位）学生（以下简称学生）中品学兼优的家庭经济困难学生。

申请省政府励志奖学金的学生需具备以下基本条件：

（1）热爱社会主义祖国，拥护中国共产党的领导；

（2）遵守宪法和法律，遵守学校规章制度；

（3）诚实守信，道德品质优良；

（4）在校期间学习成绩优秀；

（5）家庭经济困难，生活俭朴。

省政府励志奖学金每年预算为1400万元，每年奖励3500名学生，资助标准为每生每年4000元。

（六）国家助学贷款。

政策依据：《国务院办公厅转发教育部　财政部　人民银行　银监会关于进一步完善国家助学贷款工作若干意见的通知》（国办发〔2004〕51号）。

国家助学贷款（这里特指高校国家助学贷款）是由政府主导、财政贴息、财政和高校共同给予银行一定风险补偿金，银行、教育行政部门与高校共同操作的，帮助高校家庭经济困难学生支付在校学习期间所需的学费和住宿费的银行贷款。

（七）生源地信用助学贷款。

政策依据：《云南省教育厅　云南省财政厅　中国银行业监督管理会员会　云南监管局关于印发〈云南省生源地信用助学贷款实施暂行办法〉的通知》（云教贷〔2009〕9号）。

生源地信用助学贷款是指国家开发银行等金融机构向符合条件的家庭经济困难的普通高校新生和在校生（以下简称学生）发放的，学生和家长（或其他法定监护人）向学生入学前户籍所在县（市、区）

的学生资助管理中心或金融机构申请办理的，帮助家庭经济困难学生支付在校学习期间所需的学费、住宿费的助学贷款。

2014 年 8 月国家对贷款额度进行调整，全日制普通本专科学生（含第二学士学位、高职学生，下同）每人每年申请贷款额度不超过 8000 元（原标准为 6000 元）；年度学费和住宿费标准总和低于 8000 元的，贷款额度可按照学费和住宿费标准总和确定。全日制研究生每人每年申请贷款额度不超过 12000 元（原标准为 6000 元）；年度学费和住宿费标准总和低于 12000 元的，贷款额度可按照学费和住宿费标准总和确定。2015 年 7 月，将贷款期限调整为学制加 13 年，最长不超过 20 年，还本宽限期从 2 年延长至 3 年整。

（八）高等学校学生应征入伍服义务兵役国家资助。

政策依据：《云南省财政厅　云南省教育厅　云南省军区司令部转发财政部　教育部　总参谋部〈高等学校学生应征入伍服义务兵役国家资助办法〉的通知》（云财教〔2014〕6 号）。

高等学校学生应征入伍服义务兵役国家资助，是指国家对应征入伍服义务兵役的高校学生，在入伍时对其在校期间缴纳的学费实行一次性补偿或获得的国家助学贷款（国家助学贷款包括校园地国家助学贷款和生源地信用助学贷款）实行代偿；应征入伍服义务兵役前正在高等学校就读的学生（含按国家招生规定录取的高等学校新生），服役期间按国家有关规定保留学籍或入学资格、退役后自愿复学或入学的，国家实行学费减免。

学费补偿、国家助学贷款代偿及学费减免标准，本专科生每人每年最高不超过 6000 元，硕士研究生每人每年最高不超过 8000 元，博士研究生每人每年最高不超过 10000 元。

（九）云南省普通高等学校毕业生学费和国家助学贷款代偿。

政策依据：《云南省财政厅　云南省教育厅　云南省人力资源和

社会保障厅关于印发云南省高等学校毕业生学费和国家助学贷款代偿暂行办法的通知》（云财教〔2010〕239号）。

为引导和鼓励高校毕业生面向中西部地区和艰苦边远地区基层单位就业，云南省属高校毕业生到云南25个边境县和3个藏区县辖区内乡镇以下（含乡镇）基层单位就业、自愿服务3年以上（含3年）的，其学费由国家实行代偿。在校期间获国家助学贷款（含高校国家助学贷款和生源地信用助学贷款，下同）的，代偿的学费优先用于偿还国家助学贷款本金及其全部偿还之前产生的利息。

我省每个高校毕业生每年代偿学费和国家助学贷款的金额最高不超过6000元。

（十）云南省优秀贫困学子奖学金。

根据《中共云南省委、云南省人民政府关于创新体制机制加强人才工作的意见》（云发〔2014〕1号），设立云南省家庭经济困难优秀本科学生奖学金（执行期为2014年至2020年，以下简称“优秀贫困学子奖学金”）。

优秀贫困学子奖学金用于奖励考入中央部委129所直属高校的云南籍家庭经济困难的优秀本科学生。优秀贫困学子奖学金每年评定新生4000名，在校本科学习期间连续获得奖励，奖励标准为每人每年人民币5000元。

申请优秀贫困学子奖学金应当符合以下条件：

1. 热爱社会主义祖国，拥护中国共产党的领导；
2. 遵守宪法和法律，遵守学校规章制度；
3. 诚实守信，道德品质优良；
4. 在校期间，学习成绩优秀；
5. 家庭经济困难，生活俭朴；
6. 考入中央部委直属高校就读的云南籍家庭经济困难的优秀本科

学生。

孤儿、残疾、单亲家庭子女、烈士或优抚对象子女、低保家庭子女优先获得优秀贫困学子奖学金。

试行免费教育的军事院校、师范院校师范类专业的学生，不纳入优秀贫困学子奖学金的申请范围。

每年6月30日前，省教育厅、省财政厅根据各州（市）经济发展状况和近年高考录取情况，将优秀贫困学子奖学金奖励预分配名额下达各州（市）教育局、财政局。

名额分配向少数民族地区、贫困地区、扶贫连片地区倾斜。

（十一）云南省中国工商银行少数民族贫困大学生培养计划。

中国工商银行为支持云南省少数民族地区的教育事业，促进地区间平衡和谐发展，出资600万元设立了资助300名云南省少数民族贫困大学生顺利完成大学学业公益“培养计划”助学金。该公益“培养计划”助学金自2015年起，每年资助当年录取的云南省家庭经济困难少数民族大学本科学生50名，资助金额每人每年5000元。获得资助的学生可连续获得资助，直至大学毕业。

三、中职学生资助政策

（一）国家助学金。

政策依据：《云南省财政厅　云南省发展和改革委员会　云南省教育厅　云南省人力资源和社会保障厅转发财政部　国家发展改革委　教育部　人力资源社会保障部关于扩大中等职业教育免学费政策范围进一步完善国家助学金制度的意见文件的通知》（云财教〔2012〕502号）。

中等职业学校国家助学金资助对象是具有中等职业学校全日制学历教育正式学籍的一、二年级在校涉农专业学生和非涉农专业家庭经济困难学生。滇桂黔石漠化区、滇西边境山区等连片特困地区和藏区中等职业学校农村学生（不含县城）全部纳入享受国家助学金范围（我省有91个县属于以上范围）。

国家助学金由中央和地方政府共同出资设立，主要资助受助学生的生活费开支，资助标准每生每年2000元。

（二）免学费。

政策依据：《云南省财政厅　云南省发展和改革委员会　云南省教育厅　云南省人力资源和社会保障厅转发财政部　国家发展改革委　教育部　人力资源社会保障部关于扩大中等职业教育免学费政策范围进一步完善国家助学金制度的意见文件的通知》（云财教〔2012〕502号）。

对中等职业学校（含民办）全日制正式学籍一、二、三年级在校生中所有农村（含县镇）学生、城市涉农专业学生和家庭经济困难学生免除学费（艺术类相关表演专业学生除外）。学费标准低于每生每学年2000元的免除全部学费，学费标准高于每生每学年2000元的免除2000元，高出部分由学生家庭负责承担。

免学费标准按照各省（区、市）人民政府及其价格主管部门在2012年6月30日前批准的学费标准确定。

（三）省政府奖学金。

政策依据：《云南省财政厅　云南省教育厅关于印发〈云南省中等职业学校省政府奖学金管理暂行办法〉的通知》（云财教〔2009〕243号）。

省政府奖学金是为激励中等职业学校学生勤奋学习、努力进取，在德、智、体、美等方面得到全面发展，由省政府出资设立，用于奖励中职学校中全日制学生（以下简称学生）中特别优秀的学生。

申请省政府奖学金的学生需要具备以下条件：

(1) 热爱社会主义祖国，拥护中国共产党的领导；

（2）遵守宪法和法律，遵守学校规章制度；

（3）诚实守信，道德品质优良；

（4）在校期间学习成绩优异，社会实践、创新能力、综合素质等方面特别突出。

中职学校省政府奖学金全省每年奖励名额为1000名，奖励标准为每人每年4000元。

（四）迪庆州怒江州实施中等职业教育农村学生全覆盖。

2014年3月，云南省民族团结进步边疆繁荣稳定示范区建设领导小组会议同意对怒江州、迪庆州初、高中毕业未能继续升学的农村户籍学生开展“职业教育全覆盖”。从2014年秋季学期起，在执行国家中等职业教育现行免补政策的基础上，省财政对到承担试点任务的学校（27所）就读并纳入普通全日制学籍管理的迪庆州、怒江州农村户籍学生，初中起点中职学生在校期间第一学年、第二学年，高中起点中职学生在校期间第一学年，每生每学年再给予2500元的生活补助。

四、普通高中学生资助政策

（一）国家助学金。

政策依据：《云南省财政厅　云南省教育厅转发财政部教育部关于印发普通高中国家助学金管理暂行办法的通知》（云财教〔2011〕11号）。

从2010年秋季学期起，中央与地方共同设立国家助学金，用于资助普通高中在校生中的家庭经济困难学生，资助面约占全省普通高中在校生总数的35%。

普通高中国家助学金的资助对象是有正式注册学籍的普通高中学校在校生中的家庭经济困难学生。

申请普通高中国家助学金的基本条件是：

（1）热爱祖国，拥护中国共产党的领导；

（2）遵守宪法和法律，遵守学校规章制度；

（3）诚实守信，道德品质优良；

（4）勤奋学习，积极上进；

（5）家庭经济困难，生活俭朴。

国家助学金平均资助标准为每生每年2000元，用于资助家庭经济困难学生的学习和生活费用开支。根据我省实际，要求各学校分为2档，具体标准为：一等每生每年2500元，二等每生每年1500元。

（二）普通高中免学杂费。

政策依据：《云南省财政厅　云南省教育厅关于印发〈云南省财政厅 云南省教育厅关于免除普通高中建档立卡家庭经济困难学生学杂费的实施方案〉的通知》（云财教〔2016〕317号）。

经省人民政府同意，从2016年秋季学期起，免除公办普通高中建档立卡等家庭经济困难学生（含非建档立卡的家庭经济困难残疾学生在、农村低保家庭学生、农村特困救助供养学生）学杂费。

免学杂费标准按照2004年《云南省发展和改革委　云南省财政厅　云南省教育厅关于调整我省高等学校、普通高中学费收费标准及有关问题的通知》（云发改收费〔2004〕536号）确定的各地普通高中的收费标准执行（不含住宿费）。对在政府教育行政管理部门依法批准的民办普通高中就读的符合免学杂费政策条件的学生，按照当地同类型公办普通高中免除学杂费标准给予补助。民办学校学费标准高于补助的部分，学校可以按规定继续向学生收取。

五、学前教育家庭经济困难儿童资助政策

政策依据：《财政部　教育部关于建立学前教育资助制度的意见》

（财教〔2011〕410 号）。

从 2011 年秋季学期起，云南由省和州市共同建立并实施云南省学前教育省政府助学金，用于资助县级以上教育行政部门审批设立的公办幼儿园在园家庭经济困难的儿童，资助面约占全省公办幼儿园在园儿童总数的 10%。

学前教育省政府助学金资助的对象是：地方政府对经县级以上教育行政部门审批设立的普惠性幼儿园在园家庭经济困难儿童、孤儿和残疾儿童予以资助。

学前教育省政府助学金资助标准为每生每年 300 元。